청소년
북유럽 신화

1

Norse mythology

청소년 북유럽 신화 1

ⓒ 노경실, 2010

초   판 1쇄 발행일 | 2010년 1월 14일
개정판 1쇄 발행일 | 2018년 12월 20일

지은이 | 노경실
펴낸이 | 정은영
삽화 | 김정진
북디자인 | 이혜경디자인

펴낸곳 | ㈜자음과모음
출판등록 | 2001년 11월 28일 제 2001-000259호
주소 | 04047 서울시 마포구 양화로6길 49
전화 | 편집부 (02)324-2347 경영지원부 (02)325-6047~8
팩스 | 편집부 (02)324-2348 경영지원부 (02)2648-1311
e-mail | jamoteen@jamobook.com

ISBN 978-89-544-3934-3 (44210)
ISBN 978-89-544-3933-6 (set)

청소년
북유럽 신화

1

노경실 지음

Norse mythology

자음과모음

얼음과 불의 세계를 지나
희망의 땅이 된 그들의 신화를 찾아서

어렸을 적에 《그리스 로마 신화》를 읽으며 우리들은 한 번쯤 영웅이 되는 꿈을 꾸었을 것이다. 그리고 두세 번쯤은 자신의 현실을 비관했을지도 모른다. 자신의 상황이나 환경, 혹은 스스로 그 무엇 하나 변화시키거나 변신할 수 없는 무능력에 짜증을 내고, 의기소침해지며, 심지어는 울었을 것이다. '어떻게 옛날에는 이리도 신기하고 놀라운 일이 날마다 일어났을까? 그런데 왜 지금의 나는 아무것도 할 수 없을까?왜 내 인생은 이리도 초라하고 한여름의 소나기처럼 서늘한 것일까?' 하며.

몇 년 전, 나는 프랑크푸르트 국제 도서전 참가 뒤, 북유럽을 여행했다. 먼저 노르웨이 땅을 밟은 나는 노르웨이와 북유럽의 조상이

자 전설적인 용사의 신전인 '바이킹[1] 박물관'으로 입국 인사를 하러 갔다. 세 척의 검은 돛배 오세베르그호, 고크스타호, 투네호는 《구약 성경》에 나오는 노아의 방주처럼 역청을 칠했기 때문에 오랜 보존이 가능했다고 한다. 그런데 배 안에 있는 바이킹들의 침대가 눈에 띄었다. 본디 체격이 큰 북유럽 성인 남자들의 키에 비해 침대는 작았다. 그것은 바이킹들이 편안하게 누워서 잠들지 못했다는 것을 의미한다. 언제 적이나 배신자의 칼날이 제 목을 뚫고 들어올지 모르기에 삼십 도가량 몸을 숙이고 앉은 채 잠을 자야 했던 것이다. 한 손에는 칼을 잡은 채. 정복자 바이킹은 정복의 영역을 넓혀 가는 만큼 생명의 위험도 컸던 것이다. 다시 말해 두 다리 펴고 누워 자는 바이킹은 두 다리 펴고 땅속에 묻히거나 바다에 수장될지 몰랐던 것이다.

그러니 그들의 땅과 바다는 그저 아름답고 풍요로운 모습만은 아니다.

창세기의 첫 구절 '태초에 하느님이 천지를 창조하시니라'처럼 북유럽은 '태초의 모습'을 그대로 간직한 듯한 웅장한 자연 풍광을 지니고 있다. 내가 이제껏 본 산과 바다, 강, 들판, 계곡 들이 마치 아기자기한 장난감 모형처럼 생각될 정도였다. 북유럽의 자연은 햇살이 눈부신 한낮에 둘러보아도 온몸에 전율이 흐를 정도의 '태초'의 모습, 즉 인간의 발길과 손길에 전혀 닿거나 훼손되지 않은 자연의 원형을 간직하고 있었다. 그 원형 앞에서 인간은 겸손하다 못해 질리고, 얼어 버릴 것 같았다. 그러나 그곳의 조상들은 웅대하고, 경외심마저 들게 하는 자연 속에서 역사를 가꾸어 왔다.

바다표범과 인사하며 피오르²를 지나는 유람선 안에서 만난 노르웨이의 산과 물의 그 거대함과 깊음이란! 나 역시 자연에 대한 경외를 넘어 공포의 덩어리가 가슴을 짓누르는 듯한 느낌을 받아서일까. 배 안에 들어선 백인들의 창백한 하얀 얼굴빛은 오랜 세월 자연의 위엄과 호령에 눌리고 가위눌림을 겪은 탓에 이제는 무감각해진 낯빛이 아닌가 하는 생각이 들었다. 마치 에드워드 호퍼³의 그림 속 인물들처럼 창백한 얼굴들. 그래서 뭉크⁴의 〈병든 아이〉 같은 〈절규〉, 〈저녁 시간〉 그리고 〈죽음의 방〉은 노르웨이 숲에서 찾아가는 북극의 햇살과 어둠의 붓자국일 것이다.

스웨덴을 거쳐 핀란드의 헬싱키로 가는 거대한 유람선 실자라인. 그 배에 함께 탄 사람은 삼천 명이 넘었지만 모두 입을 다문 듯 조용했다. 암흑처럼 검고, 진흙처럼 무거운 발틱 해를 가르며 움직이기 시작한 배 안에서 목소리를 높인다면 그는 아마 오만하거나 혹은 두려워서 헛소리를 토해 내는 것이리라.

《북유럽 신화》는 그들의 산과 바다의 모습처럼 검고, 어둡고, 거대하며, 때로는 무지막지하며 거칠고, 한편으로 우스꽝스럽고 졸렬하기도 하다. 그것은 만물의 영장이면서도 치사하고 속물스러운 근성을 가진 복잡다단한 인간의 이야기이기도 하다. 그래서 모든 신화는 인간 삶의 이야기이기도 한 것이다. 하지만 《북유럽 신화》에서 《그리스 로마 신화》의 즐거움을 기대하라고 자신 있게 말할 수는 없다. 또, 가슴 애틋한 남녀의 로맨스를 만날 것이라고 유혹하기도 힘들다.

예를 들어 그리스의 신은 절대 죽지 않는다. 불사조이다. 하지만 북유럽의 신들은 죽는다. 심지어 최고의 신 오딘은 늑대 한 마리에게 물려 죽는 비참한 신이다. 이것은 자연의 위대함 앞에 전지전능한 존재가 없다는 겸허한 북유럽인의 사고일 것이다. 또, 《그리스 로마 신화》에는 인간이 많이 등장하고 신과 인간의 관계가 밀도 짙게 이어진

다. 그러나 《북유럽 신화》에는 인간의 목소리가 크게 들리지 않는다. 이것 역시 자연에 대한 경외심 속에서 자연스레 인간의 나약함과 한계에 대해 솔직하게 고백한 것이리라. 그리고 《그리스 로마 신화》에는 영웅, 현자, 걸출한 재주꾼, 위대한 예술가 들이 속속 등장한다. 하지만 《북유럽 신화》에는 졸렬한 신, 비겁한 사기꾼, 멍청한 욕심쟁이, 잔인한 여자, 그리고 어이없는 죽음, 불안한 행복, 비참한 사랑, 황당한 강탈과 복수 등이 나온다. 읽다 보면 어느새 우리 인간들의 추악한 모습을 그대로 보고 있는 듯해 부끄러움마저 들 정도이다.

　하지만 '신화 읽기는 여행이기도 하다' 라는 말을 부정하지 않는다면 우리는 남들이 다 가는 뻔한 '코스 여행' 이 아닌, 낯설지만 현실에서는 도저히 상상할 수 없는 놀랍고 흥미진진한 모험을 경험할 것이다.

　얼음과 불의 두 세계로 시작되는 《북유럽 신화》. 그래서 결코 쉽지 않은 먼 여행을 시작해 보자. 여행을 마치고 나면 우리는 신들만큼이나, 아니 신들보다 더 처절하게 살고, 사랑하고, 배반하고, 싸우고, 질투하고, 뺏고 빼앗기며 결국 다시 사랑할 수밖에 없는 인간, 즉

'나'를 만나게 될 것이다. 결국 신화의 마지막은 스스로 모른 척하거나 알려고 하지 않았던 내 자신에게 돌아와 그 모습을 끝까지 철저하게 마주하는 것이다. 그리고 우리는 오늘도 산과 바다와 대지에서 새로운 신화를 만들어 가는 북유럽인들에게 이렇게 말할지도 모른다.

어둠과 적막, 추위와 창백함 속에서도 당신들의 가슴이 검지도, 황폐하지도, 얼어붙지도, 납덩이처럼 굳어지지도 않는 것은 그 땅이 북쪽 끝이라 하늘과 가까워서입니까? 아니면 창조주시여, 당신이 이들과 가까이 계셔서입니까?

2010년 새해의 첫머리에

노경실

1. 바이킹 (Viking) — 8세기 말에서 11세기 초에 해상으로부터 유럽·러시아 등에 침입한 노르만족(북게르만족)을 말한다. 원래는 고국 땅인 스칸디나비아에서 덴마크에 걸쳐 많이 있는 vik(협강)에서 유래한 말로 '협강에서 온 자'란 뜻. 이 무렵에 그들은 인구 증가로 한랭하고 메마른 토지마저 부족해졌으므로 온난하고 비옥한 땅을 얻기 위하여 제2의 민족 대이동이라 할 만큼 대규모로 각지에 진출하였다. 뛰어난 항해술을 가진 그들은 전쟁과 모험, 전리품에 대한 갈망을 가지고 해외로 나갔다. 무자비한 침입·싸움·약탈 등으로 '해적 민족'으로서 각지에서 공포의 대상이 되었다. 그러나 해적 행위는 민족 이동뿐 아니라 전투·정복·탐험·식민·교역 등 다양한 활동을 초래하였다.

2. 피오르 (Fjord) — 빙식곡이 침수하여 생긴 좁고 깊은 후미를 말한다. 세계에서 가장 긴 피오르는 노르웨이의 송네 피오르(Sogne Fjord)인데 길이가 160킬로미터가 넘는다.

3. 에드워드 호퍼 (Edward Hopper, 1882년~1967년) — 사실주의적인 작품을 많이 남긴 미국의 화가. 도시의 일상적인 모습을 그렸으며 소외감이나 고독감을 표현하였다. 그의 작품들은 산업화와 제1차 세계 대전, 경제 대공황을 겪은 미국의 모습을 잘 나타냈기에 미국의 리얼리즘 화가로 불린다. 1960년대와 1970년대 팝아트, 신사실주의 미술에 큰 영향을 미쳤다. 〈책을 읽고 있는 모델〉, 〈두 가지 빛을 내는 등대〉, 〈주유소〉, 〈나이트 호크〉, 〈아침 7시〉 등의 작품이 있다.

4. 뭉크 (Edvard Munch, 1863년~1944년) — 노르웨이의 화가. 불우한 가정 환경과 건강하지 못한 몸은 그의 정신과 작품에 영향을 끼쳤다. 인간 내면의 공포와 분노, 삶과 죽음, 사랑을 강렬한 색채로 표현하는 자기만의 독특한 세계를 확립했다. 그러나 훗날 코펜하겐에서 요양한 뒤부터의 작품은 색채가 밝아지고, 문학적·심리적인 정감이 두드러진다. 〈생명의 프리즈〉, 〈절규〉, 〈별이 있는 밤〉, 〈백야〉 등의 작품을 남겼다.

† 고대 북유럽인들의 우주관 †

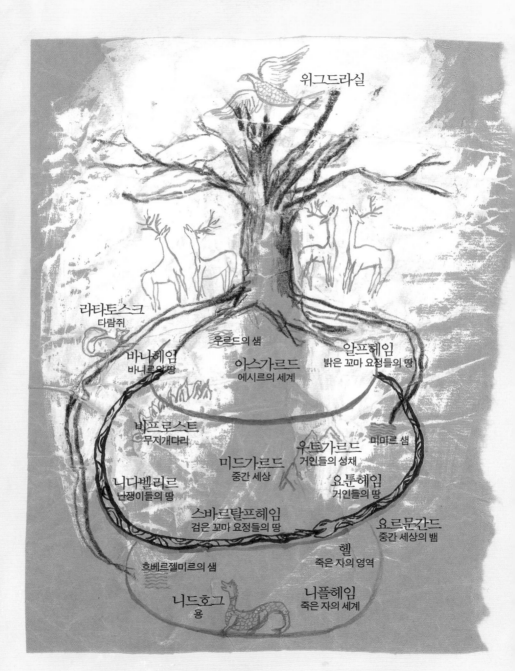

위그드라실

라타토스크
다람쥐

우르드의 샘

바니헤임
바니르의 땅

아스가르드
에시르의 세계

알프헤임
밝은 꼬마 요정들의 땅

비프로스트
무지개다리

우트가르드
거인들의 성채

미미르 샘

미드가르드
중간 세상

니다벨리르
난쟁이들의 땅

요툰헤임
거인들의 땅

스바르탈프헤임
검은 꼬마 요정들의 땅

요르문간드
중간 세상의 뱀

헬
죽은 자의 영역

흐베르젤미르의 샘

니드호그
용

니플헤임
죽은 자의 세계

c o n t e n t s

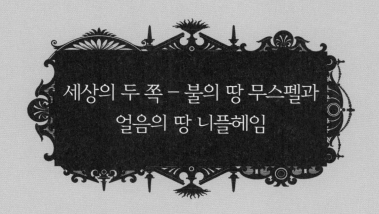

세상의 두 쪽 – 불의 땅 무스펠과
얼음의 땅 니플헤임

Norse mythology

　옛날 옛적, 우리가 상상하기도 힘든 먼 옛날, 태초에 이 세상은 두 쪽으로 나뉘어 있었다. 무스펠이라는 불의 땅과 니플헤임이라는 얼음의 땅이었다.

　하지만 무스펠과 니플헤임은 우리가 아는 그저 그런 불과 얼음의 땅이 아니었다. 겉과 속이 달랐다. 무스펠을 가득 채운 불은 천 도가 넘었지만, 속은 얼음처럼 차가웠다. 뜨거운 불길을 헤치고 들어가면 남극과 북극의 얼음을 합쳐 놓은 듯한 엄청난 빙하가 숨어 있었다. 니플헤임을 가득 채운 얼음 깊은 곳에는 작은 불씨들이 가득했다. 설탕 가루처럼 작은 그 불씨들은 무스펠의 타오르는 불꽃보다도 더 뜨거워서, 닿는 것은 모조리 녹여 버렸다.

불의 땅답게 무스펠에는 늘 불길이 솟구쳤다. 불길은 온 세상을 태워 버릴 듯이 활활 타올랐다. 불이 낸 열기로 땅은 데일 듯이 뜨거워서, 사람은커녕 개미 한 마리 살 수 없었다. 짐승 소리 하나, 낙엽이 바스락거리는 소리 하나 들리지 않았다. 그저 텅 빈 공간이었다.

그런데 이 사납고 뜨거운 불길 속에서도 살아가는 것이 있었다. 바로 수르트라는 거인이었다. 산 하나를 옮겨 놓은 것처럼 몸집이 큰 수르트는 두 눈을 부릅뜨고 항상 무스펠을 지켰다. 밥을 먹지도 않고 잠을 자지도 않고 꼬박 한자리에 앉아 무스펠을 지켰다. 정 허리가 아프면 가끔 한 번씩 일어나 허리를 펴곤 했다. 그럴 때마다 그는 허리에 찬 불 칼을 빼어 들고 큰소리치고는 했다. 들어 주는 사람은 아무도 없었지만, 그의 포부는 몸집만큼이나 크고 당찼다.

"으하하하……. 조금만 기다리면 돼! 좋은 세상이 올 거야. 이 세상이 끝나고 나면, 이 수르트가 주인이 되는 그런 날이 반드시 올 거야. 내가 언젠가는 꼭 이 세상을 불바다로 만들어 버리고 말 테니까!"

무스펠의 북쪽에는 얼음과 눈으로 뒤덮인 땅, 니플헤임이 있었다. 니플헤임은 늘 안개가 잔뜩 끼어 있어 앞이 잘 보이지 않았다. 어디를 가도 캄캄한 어둠뿐이었다. 니플헤임의 한가운데는 흐베르젤미르라는 깊고 커다란 샘이 하나 있었다. 이 샘에서 시작한 물줄기는 니플헤임 사방으로 퍼져 나가 열한 개의 긴 강을 만들었다. 열한 개의 강을 한데 묶어 사람들은 엘리바가르라고 불렀다.

하지만 열한 개의 강은 이름만큼이나 서로 달랐다. 스볼 강물은 얼음을 넣은 것처럼 차디차고 달콤했다. 군트라와 표름 강물은 말썽꾸러기 어린아이가 변덕을 부리듯이 잠시도 가만히 있지 않았다. 성난 파도를 만들었다가 금방 잠잠해지고, 잠잠해지는가 싶으면 또다시 높고 푸른 파도를 만들었다. 핌불툴 강물은 부글부글 소리를 내며 늘 펄펄 끓었고, 슬리드 강물에서는 항상 이상한 소리가 났다. 먹잇감을 앞에 두고 울부짖는 사자 소리 같은 무서운 그 소리는 온종일 쉬지 않고 계속되곤 했다. 그런가 하면 흐리드와 일그 강물은 솜씨 좋은 장인이 빚어 놓은 것처럼 계속 이상한 모양을 만들어 내며 흘렀다. 어떨 때는 소용돌이 모양을 만들기도 하고, 또 어떨 때는 조개껍데기에 있는 주름 모양을 만들기도 했다. 비드 강물은 제트기처럼 빨랐으며, 콜 강물엔 늘 뿌연 살얼음이 끼어 있었다. 콜 강의 얼음은 발이라도 내딛으면 금방 으지직하고 갈라질 듯 얇디얇았지만, 밑이 잘 보이지 않아 언제라도 사고가 일어날 것만 같았다. 레입트 강은 여태껏 본 다른 어떤 강들보다 넓고 깊었다. 강물 색깔 또한 다른 어느 강물보다 아름답고 투명했다. 강물 깊은 곳에 있는 작은 피라미들까지 환히 들여다보일 정도였다.

이렇게 서로 다른 열한 개의 강에서 흘러내린 강물은 무스펠과 니플헤임 사이에 있는 긴눙가가프 늪지로 모여들었다. 강물은 크고 날카로운 얼음과 서리로 변해 늪지 북쪽을 가득 뒤덮었다. 그래서 북쪽은 항상 춥고 어두웠다. 반대로 무스펠에서 넘어온 뜨거운 불꽃으로 얼음과 서리가 녹은 남쪽은 따뜻하고 날씨가 좋았다.

그러던 어느 날 따뜻한 바람과 차가운 서리가 늪지 한가운데에서 만났다. 따뜻한 바람에 서리가 녹아내리기 시작하자, 이상한 일이 일어났다. 물방울들 속에서 무언가 꿈틀거리기 시작한 것이다. 꿈틀대던 것은 조금씩 커지더니 갑자기 산처럼 불쑥 솟아올랐다. 흑갈색의 이상하게 생긴 거인으로 변한 것이다. 거인은 두 주먹으로 자기 가슴을 쾅쾅 치며 큰 소리로 울부짖었다.

"으아아아! 나는 서리 거인 이미르다!"

거인은 성질이 사납고 생긴 것도 무서웠다. 귀는 크게 늘어졌으며, 손끝은 독수리 발톱처럼 날카로웠다.

한바탕 소리를 지른 이미르는 피곤했던지 그 자리에 푹 쓰러져 잠이 들었다. 그리고 얼마나 지났을까? 뜨거운 햇볕이 내리쬐자 이미르의 온몸에서 땀이 쏟아졌다. 겨드랑이에서 흘러나온 땀 속에서 꿈틀꿈틀 뭔가 작은 것이 움직이더니 순식간에 큰 여자와 남자가 되었다. 다리에서 흘러내린 땀에서도 남자와 여자가 태어났다. 여기저기 흘러내린 땀에서 사람들이 마구 태어났다. 그렇게 해서 이미르는 수많은 아들과 딸을 가진, 서리 거인의 조상이 되었다. 사람들은 그를 아우르젤미르라고도 불렀다.

얼음이 녹아 흘러내린 물에서는 암소 모양을 한 아우둠라가 태어났다. 아우둠라는 태어나자마자 얼음덩어리를 핥아 먹었다. 혀가 닿자 얼음덩어리는 점점 모양이 변했다. 남자의 머리가 되는 것 같더니, 튼튼한 팔뚝과 넓은 가슴이 되었고, 사흘째가 되자 키가 크고 잘

생긴 남자로 변했다. 그가 바로 최초의 신이며 모든 신들의 조상인 부리였다.

부리는 얼음에서 태어난 여자와 결혼해서 보르라는 아들을 낳았다. 보르는 자라나서 서리 거인의 딸과 결혼해 오딘, 빌리, 베라는 아들 삼 형제를 낳았다. 보르 부부는 아들 삼 형제와 행복하게 잘 살았다.

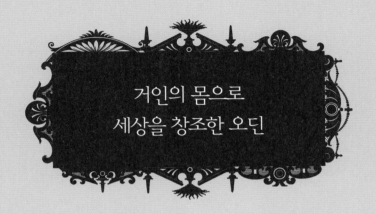

거인의 몸으로
세상을 창조한 오딘

Norse mythology

　보르와 세 아들은 아우둠라의 젖을 먹고 점점 크고 강해진 서리 거인들이 늘 걱정이었다.

　"여긴 우리 세상이야, 떠나."

　"살고 싶으면 먹을 것을 가져와! 어서!"

　하루도 빠짐없이 삼 형제를 괴롭히며 못살게 했다. 그래서 삼 형제는 서리 거인을 몰아내기로 마음먹었다.

　"신의 아들인 우리 또한 신이야. 그런데도 서리 거인들이 우리를 못살게 해."

　"맞아, 이렇게 참고 지낼 수는 없어. 서리 거인들을 무찌르자!"

　삼 형제는 머리를 맞대고 어떻게 하면 서리 거인들을 물리칠 수 있을지 생각하고 또 생각했다. 한동안 생각에 잠겨 있던 큰 형 오딘이 주먹을 불끈 쥐며 말했다.

"대장 이미르만 죽이면 돼! 너희들은 아무 걱정 말고 나만 믿어!"

두 동생도 고개를 끄덕였다.

오딘과 동생들은 이미르가 잠든 틈을 타서 공격하기로 계획을 세웠다. 허리까지 오는 큰 칼을 찬 오딘은 동생들의 등을 두드리며 말했다.

"급소에 정확히 칼을 꽂아야 해. 이미르는 힘이 세서 실패하면 우리가 죽을지도 몰라. 절대 실수하면 안 돼!"

"만약에 실패하면 죽을힘을 다해 도망쳐! 이미르의 무지막지한 발바닥에 짓이겨지기 전에."

그러자 빌리와 베가 오딘의 손을 꼭 잡으며 말했다.

"우린 꼭 이길 거야. 우린 용감하고 씩씩한 형을 믿어!"

삼 형제는 살금살금 이미르가 낮잠을 자고 있는 곳으로 갔다. 젖을 양껏 먹은 이미르는 세상모르고 쿨쿨 코까지 골며 자고 있었다. 오딘이 먼저 칼을 꺼내 이미르의 목을 겨누자, 빌리와 베도 얼른 칼을 꺼내 이미르의 가슴과 배를 겨누며 소리쳤다.

"꼼짝 마라!"

소리를 들은 이미르는 눈을 번쩍 떴다. 이미르는 삼 형제를 한번 쑥 훑어보더니 별것 아니라는 듯 껄껄 웃었다.

"허허, 네놈들은 누구냐? 다치지 말고 비켜라!"

"우린 오딘과 그 형제들이다! 이미르, 너는 이제 끝이다!"

오딘과 동생들은 이미르가 일어나기 전에 재빨리 달려들어 목과 배와 가슴을 찔렀다. 피가 줄줄 흘러나왔다. 놀란 이미르가 배를 움켜쥐고 일어서려고 했지만, 오딘과 동생들이 그냥 내버려 두지 않았다. 삼 형제는 긴 칼로 이미르의 몸 여기저기를 마구 베었다. 생각지도 못한 공격에 당황한 이미르는, 힘 한번 제대로 써 보지 못하고 외마디 비명을 내지르며 그대로 쓰러지고 말았다.

"와, 이겼다! 우리가 이겼어!"

동생들이 만세를 부르며 좋아하자, 오딘은 잠시 조용히 하라는 신호를 보냈다.

오딘은 쓰러진 이미르를 조심스럽게 칼등으로 톡톡 건드려 봤지만, 이미 숨이 끊어진 이미르는 움직이지 않았다. 그제야 오딘은 동생들을 끌어안으며 소리쳤다.

"해냈어! 우리가 드디어 해냈어!"

"만세! 오딘 형, 만세!"

칼에 찔린 이미르의 몸에서 피가 쉴 새 없이 흘러내렸다. 피는 순식간에 홍수가 되어 낮잠을 자던 서리 거인들을 덮쳤다. 서리 거인들이 모조리 핏물에 빠져 죽고, 배를 만들 줄 아는 베르젤미르 부부만 겨우 살아남았다. 베르젤미르 부부는 재빨리 속이 빈 나무줄기로 배를 만들어 타고 그곳을 빠져나갔다.

이미르가 죽고 서리 거인들까지 죽어 없어졌다. 그러자 세상은 조용해졌다. 오딘과 동생들은 이미르의 시체를 가지고 새로운 세상을 만들기로 했다. 삼 형제는 이미르의 시체를 들고 끙끙거리며 긴눙가가프 늪지 한가운데로 갔다.

"여기가 좋겠어. 여기다 새 세상을 만들자."

오딘이 칼로 이미르의 살점을 조금씩 떼어 내자, 동생들은 살점을 고르게 폈다. 그러자 땅이 되었다.

"이제 뼈들을 발라내!"

삼 형제가 크고 작은 뼈들을 발라내 던지자 울퉁불퉁한 산과 언덕이 생겨났다.

오딘이 이미르의 턱을 떼어 내 던지자 커다란 바위가 뚝딱 만들어졌다.

둘째 빌리는 으스러진 이를 모아 뿌렸다. 그러자 여러 개의 돌멩이가 생겨났다.

막내 베가 여기저기 흩어진 뼈 부스러기들을 모아서 뿌리자, 모래가 생겨났다.

이미르의 몸에서 흘러나온 피는 모여서 크고 넓은 바다가 되었고, 이미르의 몸 여기저기 고여 있던 피는 작은 호수가 되었다.

핏빛의 바다에는 서리 거인들의 목숨을 앗아 갈 때처럼 크고 강한 파도가 몰아쳤다.

그렇게 산과 언덕과 바다는 만들었지만, 하늘이 뻥 뚫린 것이 마음에 들지 않았다.

"지붕처럼 덮어야 할 것 같은데, 무엇으로 하면 좋을까?"

오딘과 동생들은 머리를 맞대고 곰곰이 생각했다.

거인의 몸으로 세상을 창조한 오딘

그러다가 이미르의 두개골이 아직 남아 있는 것을 보았다.

"그래, 저걸로 하면 되겠어!"

오딘과 동생들은 이미르의 두개골을 번쩍 들어 올려 하늘을 만들었다. 혹시나 지붕이 날아갈까 봐 하늘의 네 귀퉁이를 땅의 네 끝에 꽁꽁 묶었다. 그런 다음 적들이 쳐들어오는 것을 알 수 있도록 땅의 네 끝에 난쟁이들을 하나씩 두었다. 이 난쟁이들을 동, 서, 남, 북이라고 불렀다.

"와, 이제 다 됐다! 이미르의 몸이 멋진 세상이 되었어!"

그런데 갑자기 세상이 온통 깜깜해졌다.

하늘이 막히자 남쪽에서 넘어오던 불길이 들어오지 못했다. 그래서 온 세상은 깜깜한 밤이 된 것이다.

"무스펠에 가자. 가서 불꽃을 가져와서 세상을 밝히는 거야!"

"맞아, 그럼 되겠네."

삼 형제는 서둘러 무스펠로 떠났다. 삼 형제는 무스펠에서 가져온 작은 불꽃과 깜부기불로 태양과 달을 만들어 달았다. 그제야 깜깜했던 세상이 환해졌다.

"별도 만들자. 별은, 음…… 아주 많았으면 좋겠어!"

삼 형제는 별도 만들어 달았다. 하늘에 딱 붙어 움직이지 않는 별도 만들고, 자유롭게 움직일 수 있는 별도 만들었다. 하늘은 금세 크고 작은 별로 반짝였다.

"와, 아름답다! 이제 다 끝났어!"

"그래. 이제 우리가 이 세상의 주인이야!"

"오딘 형, 만세! 만만세!"

동생들이 기뻐하자, 오딘이 말했다.

"잠깐, 아직 할 일이 남아 있어. 아까 배를 타고 빠져나간 서리 거인이 있었지?"

"응, 배 한 척이 지나가는 것을 본 것 같아. 그 서리 거인이 우리에게 복수를 하려고 하면 어떡하지?"

"그러게 말이야. 어서 그들을 찾아내 죽여 버리자."

"아니야. 죽이는 것보다 더 좋은 방법이 있어. 나를 따라와."

국경선을 만들어야겠다고 생각한 오딘은 동생들과 같이 이미르의 양쪽 눈썹을 모두 뽑았다. 그런 다음 해안가를 다니며 눈썹을 심었다. 그러자 눈썹들은 튼튼하고 날카로운 울타리가 되었다.

“이제 됐어. 울타리 안쪽이 미드가르드, 울타리 바깥쪽이 요툰헤임이야. 미드가르드가 우리 땅이고, 요툰헤임이 거인들 땅이지. 거인들은 이제 울타리를 넘어오지 못할 거야.”

오딘은 살아남은 거인들에게 울타리 바깥쪽에 있는 춥고 얼음이 가득한 땅을 나누어 주었다.

그리고 햇볕이 따스한 땅 미드가르드는 자신들이 차지했다.

“이곳이 바로 우리 땅이야. 조금 있으면 곡식이 무럭무럭 자라 먹을 것이 많아질 거야.”

따스한 햇볕이 땅에 내리쬐자 여기저기에서 풋풋하고 싱그러운 풀이 마구 돋아났다. 신비롭게도 풀은 무럭무럭 자라나 순식간에 나무가 되었다. 나뭇가지마다 먹음직스러운 열매가 주렁주렁 매달렸다. 군데군데 피어난 아름다운 꽃에서는 향기로운 냄새가 솔솔 피어났다. 어디선가 한 무리의 양과 염소들이 나타나 한가로이 풀을 뜯어 먹는 모습도 보였다.

“여기가 바로 천국이야! 정말 근사해!”

오딘과 동생들은 신이 나서 깔깔거리며 푸른 들판을 마구 뒹굴었다. 그때 막내 베가 서쪽에 있는 뭔가를 가리키며 말했다.

"형, 저걸로는 무얼 만들면 좋을까?"

"잠깐만, 저건 내가 해결할게."

둘째 빌리가 이미르의 두개골에서 떨어져 나온 뇌를 집어 하늘 높이 힘껏 던졌다. 그러자 양, 우산, 토끼 등 갖가지 모양의 구름이 되었다.

"와, 멋지다! 이제야 세상이 완성되었어!"

삼 형제는 자신들이 만든 세상을 감상하기 위해 길을 떠났다. 바다 끝에서 삼 형제는 물푸레나무와 느릅나무가 뿌리 뽑힌 채 죽어 있는 것을 발견했다.

나뭇가지를 이리저리 살펴보던 오딘이 말했다.

"얘들아, 이걸로 사람을 만들면 어떨까?"

"좋은 생각이야! 역시 형은 머리가 좋아!"

삼 형제가 힘을 모아 나무들을 머리 위로 번쩍 들어 올렸다. 나무들에서 밝고 환한 빛이 쏟아져 나왔다. 물푸레나무에서는 남자 모양의 인형이, 느릅나무에서는 여자 모양의 인형이 튀어나왔다.

거인의 몸으로 세상을 창조한 오딘

오딘이 인형들 입에 숨결을 불어 넣었다. 남자와 여자 인형의 심장이 뛰기 시작했다.

"너희들에게 지혜와 슬픔, 기쁨, 행복, 분노 등 온갖 감정을 나누어 주겠노라!"

둘째 빌리의 말이 끝나자, 두 인형이 서로 마주 보며 환하게 웃었다.

"너희들에게 보고 듣고 말할 수 있는 능력을 나누어 주겠노라!"

막내 베의 말이 끝나자마자 인형들이 고개를 숙이며 말했다.

"신들이시여, 저희를 만들어 주서서 감사합니다!"

이렇게 해서 최초의 인간들이 생겨났다. 삼 형제는 남자에게는 아스크, 여자에게는 엠블라라는 이름을 지어 주었다. 둘은 오딘과 형제들이 만들어 준 세상, 미드가르드에서 아들과 딸을 낳고 행복하게 살았다.

그런데 미드가르드에 문제가 생겼다. 해와 달과 별을 하늘에 달아매 놓아 어둠을 몰아낸 것은 좋았는데, 그러다 보니 늘 환해서 잠을 잘 수가 없었던 것이다.

'어떻게 하면 어둠과 밝음이 번갈아 오도록 할 수 있을까?'

밤과 낮을 데려오기로 작정한 오딘은 자신이 이끄는 신 에시르들을 데리고 요툰헤임으로 갔다.

밤Night은 요툰헤임에 살고 있는 거인 나르비의 딸인데, 이름처럼 온몸이 까맸다. 밤에게는 세 번째 남편에게서 낳은 낮Day이라는 아들이 있었다. 아들 낮은 오딘 형제의 먼 친척인 아버지를 닮아 피부가 하얗고 반들반들 빛이 났다.

오딘이 밤과 낮을 데려온 다음 날부터 밤과 낮은 말이 이끄는 마차를 타고 반나절씩 하늘을 돌았다. 언제나 엄마인 밤이 흐림팍시라는 검은색 말을 타고 먼저 돌았다. 그러면 세상이 어두워져서 아무것도 보이지 않았다. 덕분에 신과 사람들, 동물과 식물들은 편하게 잠을 잘 수 있었다. 그다음에는 낮이 스킨팍시라는 황금색 말을 타고 하늘을 돌았다. 스킨팍시가 하늘을 도는 동안, 세상은 황금처럼 환하게 반짝였다. 그래서 신과 사람들과 모든 생명체들이 편하게 활동할 수 있었다.

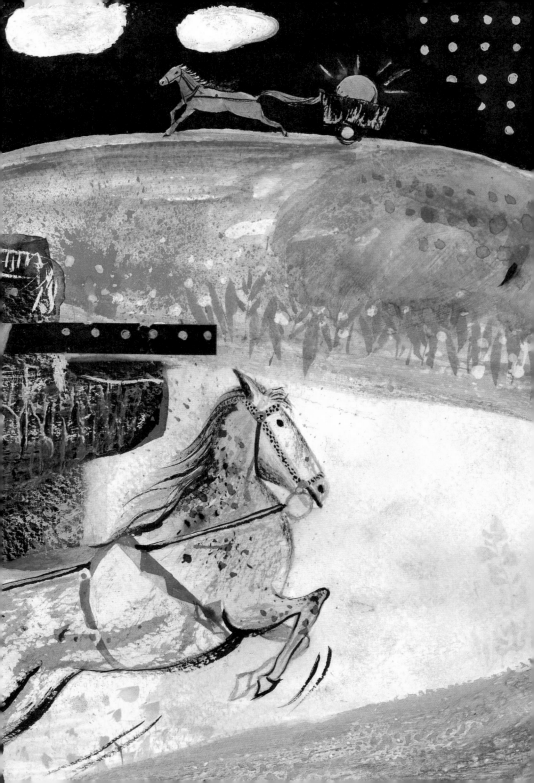

미드가르드에는 문딜파리라는 남자가 살고 있었다. 문딜파리에게는 마니 또는 문이라고 부르는 잘생긴 아들과, 솔 또는 선이라고 부르는 아름다운 딸이 있었다.

미드가르드에서 가장 아름다운 솔이 허리도 굽고 못생긴 글렌이라는 남자와 결혼을 하자, 에시르 신들은 화가 나서 문딜파리를 찾아갔다.

"당장 두 사람을 떼어 놓거라!"

"나도 말렸지만 소용없소. 두 사람이 서로 사랑하고 있으니, 이해해 주구려."

화가 난 신들의 귀에는 문딜파리의 말이 들리지 않았다.

"감히 우리 명령을 거역하겠다는 것인가?"

신들이 강하게 나오자, 문딜파리도 지지 않고 맞섰다.

"내 딸 일이오. 더 이상 참견하지 마시오. 신들이라고 해서 모든 것을 이래라저래라 할 순 없소. 돌아들 가시오!"

"흥, 앞으로 무슨 일이 일어나더라도 우리를 원망하지 마라!"

신들이 가자 힘이 빠진 문딜파리는 그 자리에 털썩 주저앉았다. 강한 척을 하긴 했지만, 화가 난 신들이 무슨 일을 벌일지 자못 걱정

거인의 몸으로 세상을 창조한 오딘

이 되었던 것이다. 부엌에서 몰래 지켜보고 있던 딸 솔이 울며 뛰어 들어왔다.

"아빠, 죄송해요. 제가 글렌과 결혼하겠다고 고집을 피우지 말 았어야 했는데……."

"아니다, 애야. 겉모습보다 더 중요한 건 마음이란다. 신들이 아 직 글렌이 얼마나 좋은 사람인지 몰라서 그런 것일 게다. 별일 없을 테니, 너무 걱정 말거라."

"아빠!"

문딜파리는 흐느끼는 솔을 꼭 끌어안았다.

신들과 아버지가 다툴 때 겁이 나서 작은 방에 숨어 있던 아들 마니도 걱정이 되어 견딜 수가 없었다.

'신들이 화가 많이 난 것 같은데, 괜찮을까?'

마니는 방 안을 왔다 갔다 하며 어쩔 줄 몰라 했다.

'나라도 찾아가서 빌어 볼까? 아니야, 그랬다가는 나부터 죽일 지도 몰라…….'

그때 동생 솔이 들어왔다.

"오빠, 미안해! 모든 게 나 때문이야. 차라리 내가 글렌과 헤어질까 봐."

자기 생각만 했던 마니는 동생에게 부끄러워 견딜 수가 없었다. 마니는 동생을 꼭 끌어안았다.

"걱정 마! 별일 없을 거야."

화가 풀리지 않은 채 자신들의 집으로 돌아온 에시르 신들은 긴급하게 회의를 열었다.

"신들의 말을 무시한 그 남매를 어쩌면 좋겠소?"

오딘의 말이 떨어지자마자, 여기저기서 흥분한 목소리들이 쏟아졌다.

"솔과 마니를 잡아들여 혼을 내 주어야 합니다."

"솔과 마니를 죽여 건방진 문딜파리에게 고통을 주어야 합니다."

마침내 에시르 신들은 마니와 솔을 납치해서 하늘로 끌고 왔다.

"너희들은 여기서 우리가 시킨 일을 해야만 한다. 죽을 때까지, 하루도 쉬지 말고, 달의 마차와 태양의 마차를 끌도록 해라!"

거인의 몸으로 세상을 창조한 오딘

그러자 솔이 싹싹 빌며 말했다.

"집에 늙은 아버지 혼자 계세요. 제가 다 끌 테니, 마니 오빠는 집에 보내 주세요."

마니도 빌며 말했다.

"저는 괜찮으니 제 동생 솔을 집으로 보내 주세요."

에시르 신은 야박하게 딱 잘라 말했다.

"그럴 수 없다! 우리 말을 듣지 않았으니 너희 아버지도 혼쭐이 나야만 한다."

마니와 솔은 하늘에서 마차를 끌게 되었다. 오빠인 마니는 집에 신들이 찾아왔을 때 방에만 숨어 있었던 것이 미안해서 동생 솔을 알뜰히 챙겼다.

"솔아, 힘든 일은 다 내가 알아서 할게. 넌 나만 따라와."

"알았어, 오빠. 고마워……."

솔은 오빠를 믿고 의지했다.

마니는 얼음같이 차갑고 무거운 달의 마차를 끌었다. 달이 제 길을 잘 가도록 안내하는 일과 달이 언제 차고 언제 기우는지 결정하는 일을 모두 혼자 맡아서 했다.

솔은 말 두 마리를 몰고 마니의 뒤를 따라가곤 했다. 달의 마차를 끄는 마니가 지나가고 솔이 나타나면 곧 밝은 태양이 나타났다. 솔이 끄는 두 마리 말은 온 힘을 다해 태양이 제대로 가도록 안내했다. 하지만 태양빛이 너무 뜨거워 금방 지쳤다.

지쳐서 헐떡이는 말들을 지켜보던 에시르 신들이 다시 회의를 열었다.

"솔의 말들이 너무 지친 것 같은데, 뜨거운 태양빛을 피할 좋은 방법이 없을까요?"

"좋은 방법이 있소!"

에시르 신들은 말의 목과 허리 밑에 바람을 일으키는 청동으로 된 풀무를 매달아 주었다. 그러자 말들도 더 이상 힘이 들지 않는지, 씩씩하게 마차를 끌고 다녔다.

솔과 마니도 지치긴 마찬가지였다. 속도를 조금 늦추려고 해도 늑대 두 마리가 태양과 달 뒤를 바짝 쫓아오니 그럴 수가 없었다. 사나운 형 늑대 스콜은 눈을 부릅뜬 채 태양을 잡아먹으려고 뒤를 쫓았고, 태양 앞에는 스콜의 동생인 하티가 침을 질질 흘리면서 달을 잡아먹으려고 뒤를 쫓았다. 미드가르드의 서쪽에 사는 덩치 크고 힘센 거인의 아들들답게 스콜과 하티는 지치지도 않았다. 그래서 솔과 마니도 할 수 없이 있는 힘을 다해 마차를 빨리 몰 수밖에 없었다. 그러면서도 솔과 마니는 서로 의지하면서 열심히 마차를 몰았다.

어느 날 길을 걷던 삼 형제는 작은 구더기들이 땅 위를 꿈틀꿈틀 기어 다니는 것을 보았다.

"이미르의 살점이 변한 것들이야."

"그러게, 이것으로는 또 무얼 만들지?"

"난쟁이를 만들면 어떨까?"

"좋았어! 난쟁이로 변해라, 얍!"

삼 형제가 소리치자 구더기가 모두 난쟁이로 변했다. 오딘과 동생들은 난쟁이 네 명에게 하늘의 네 귀퉁이를 빈틈없이 잘 지키라고 명령했다.

"이 난쟁이들에게도 지혜를 주면 어떨까? 거인들에게 지지 않고 살아가려면 지혜가 필요할 거야."

"그래. 이름을 지어 주고, 살 곳도 마련해 주자."

그때부터 난쟁이들은 산 아래에 있는 동굴에서 살게 되었다. 난쟁이 가운데 가장 발이 큰 모드소그니르가 난쟁이들의 대장이 되었다. 모드소그니르는 난쟁이들 가운데 가장 손이 큰 두린을 자신의 직속 부하로 삼았다. 이렇게 해서 인간과 거인과 난쟁이들이 같이 살게 되었다.

오딘은 신들의 여왕인 프리그와 결혼해 수많은 신들을 낳았다. 신들은 자신들의 조상인 오딘을 아버지라 부르며 떠받들었다.

신들의 수가 많아지자 오딘은 인간들의 세상인 미드가르드 위에 신들만이 사는 세상 아스가르드를 만들기로 했다. 굳건한 성벽을 쌓고, 여러 아름다운 보석으로 신들이 살아갈 갖가지 모양의 궁전들을 지었다. 인간 세상인 미드가르드와 신들의 세상인 아스가르드를 오갈 수 있도록 푸른 물, 초록 공기, 붉은 불로 만들어진 세 가지 색의 무지개다리도 만들었다.

궁전이 완공되자 신들의 이주가 시작되었다. 신들의 왕인 오딘이 가장 먼저 무지개다리인 비프로스트를 건넜다. 조금 있자 빌리와 베, 전사의 신인 수많은 에시르 신들도 그 뒤를 따라왔다. 아스가르드를 본 신들은 함성을 질렀다.

"이제부터는 이곳이 우리 신들의 왕국이야!"

"와! 멋지다!"

"신들의 왕 오딘 만세! 만만세!"

신들은 사흘 밤낮 동안 잔치를 벌여, 모두들 즐겁게 마시고 흥겹게 놀았다.

그러는 동안 땅에서도 변화가 일어났다. 어느 날 갑자기 땅이 갈라지더니 엄청나게 큰 물푸레나무 한 그루가 솟아올랐다. 세상이 만들어지기 전부터 세상 아래에서 살고 있던 물푸레나무, 위그드라실은 땅 위로 올라오자마자 순식간에 세상 모두를 뒤덮었다. 그러고는 신들의 세상인 아스가르드와 거인들이 사는 요툰헤임, 죽은 사람들이 사는 니플헤임 깊숙이 뿌리를 내렸다.

위그드라실은 세상을 버티고 선 생명의 나무였다. 수많은 날짐승들이 그 가지에 와서 쉬었고, 많은 다람쥐와 청설모들이 그 몸통을

오르내리며 놀았고, 많은 기린과 코끼리와 사슴과 타조들이 그 잎을 따 먹었다. 밤이 되어 살랑살랑 바람이 불어오면 위그드라실은 바람에 맞추어 노래를 불렀다. 그러면 낮에 와서 쉬던 수많은 들짐승과 날짐승이 그 노랫소리를 자장가 삼아 잠이 들곤 했다.

거인의 몸으로 세상을 창조한 오딘

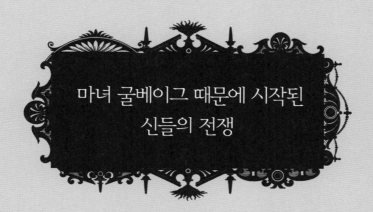

마녀 굴베이그 때문에 시작된
신들의 전쟁

Norse mythology

　오딘이 대장인 에시르 신족 외에 또 다른 신족이 있었다. 바니르 신족이었다. 어느 날 바니르 신족의 여신 굴베이그가 오딘을 찾아왔다. 굴베이그는 보석에 대한 욕심이 많았다. 황금을 특히 좋아했다. 오딘의 궁전을 구경하던 굴베이그는 황금 기둥을 보자 그 자리에 서서 움직일 줄 몰랐다.

　"세상에! 당장 뽑아 갔으면 좋겠네."

　오딘의 황금 왕관을 보고서도 침을 흘렸다.

　"저 왕관이 내 것이라면 얼마나 좋을까?"

　그 모습을 본 에시르 신들은 화가 나서 견딜 수가 없었다. 에시르 신들은 오딘을 찾아가서 말했다.

　"굴베이그는 욕심이 너무 많습니다. 인간들이 가지고 있던 황금도 모조리 빼앗아 갔답니다."

"언제 마법을 써서 우리 왕국에 있는 황금을 빼앗아 갈지 모릅니다. 굴베이그를 죽여 없애야 합니다."

그러나 오딘은 쉽게 결정을 내리지 못했다. 자기 왕국을 찾아온 손님을 함부로 죽이고 싶지 않기 때문이다. 그러던 어느 날 굴베이그가 신들의 여왕인 프리그가 가지고 있던 황금 팔찌를 슬쩍하는 것을 보자, 오딘은 더 이상 참을 수가 없었다.

"감히 내 부인 물건에 손을 대다니! 용서할 수 없다. 사악한 굴베이그를 죽여 없애라!"

오딘의 명령을 받은 에시르 신들은 한밤중에 굴베이그를 습격했다. 종일 궁전 이곳저곳을 쏘다니며 황금을 구경하던 굴베이그는 그날따라 하늘이 무너져도 모를 만큼 정신없이 자고 있었다. 에시르 신들이 긴 창으로 목이며 배를 마구 찔러도 일어나지 못했다. 에시르 신들은 굴베이그를 끌고 가 활활 타는 난로 속에 던져 버렸다.

"굴베이그도 이젠 끝이야."

"그럼. 아무리 마법을 쓴다고 해도 이 불구덩이에서 살아남을 수는 없어."

"골칫덩이를 해결했으니, 우린 가서 술이나 마시세."

그런데 에시르 신들이 난로 옆을 떠나려는 순간 이상한 일이 일어났다. 난로가 폭발하더니 굴베이그가 멀쩡한 몸으로 살아 나온 것이다. 굴베이그는 에시르 신들이 가소롭다는 듯 웃었다.

"멍청한 것들! 굴베이그가 이 정도에 죽을 줄 알았더냐."

깜짝 놀란 에시르 신들은 다시 용기를 내어 굴베이그에게 달려들었다. 굴베이그를 번쩍 들어 그 옆에 있던 다른 난로 속에 던진 다음, 재빨리 뚜껑을 닫았다.

"이제는 나오지 못할 거야."

조금 있자 살 타는 냄새가 진동했다. 굴베이그의 비명도 새어 나왔다.

"으, 으윽!"

겁 없는 에시르 신 하나가 난로 뚜껑을 열고 들여다보았지만, 굴베이그는 흔적도 없었다. 에시르 신들은 그제야 안심하며 밖으로 나왔다.

그때 어디선가 강한 회오리바람이 불어오더니 에시르 신들의 앞을 가로막았다.

"저 회오리바람은 뭐지?"

"그러게 말이야. 왠지 기분이 좋지 않아……."

회오리바람에서 굴베이그의 날카로운 목소리가 들려왔다.

"어리석은 것들……. 나다, 나 굴베이그가 다시 살아났단 말이다!"

회오리바람에서 굴베이그가 모습을 드러내자, 에시르 신들은 우왕좌왕 어쩔 줄을 몰랐다.

뒤에서 그 모습을 지켜보던 오딘이 허리띠를 풀러 던지며 소리쳤다.

"저런 요망한 것! 굴베이그를 이 허리띠로 꽁꽁 묶어 난로 속에 던져라! 다시는 도망치지 못할 것이다."

에시르 신들은 오딘의 말대로 굴베이그를 허리띠로 꽁꽁 묶은 뒤, 난로 속에 던졌다.

"이번에도 또 살아나면 어쩌지?"

"에이, 설마. 굴베이그가 아무리 마법을 잘 써도 이번에는 어려울 거야."

에시르 신들은 혹시 굴베이그가 또다시 살아나기라도 할까 봐, 한 발자국도 움직이지 않고 난로 곁을 지키고 있었다.

그때 갑자기 주변 공기가 차가워지더니 얼음으로 뒤덮인 굴베이그가 난로 뚜껑을 열고 나왔다. 밖으로 나오자마자 굴베이그를 감싸고 있던 얼음이 녹아내렸다. 또다시 살아난 것이다.

"세상에! 세 번째야!"

"굴베이그 힘이 이렇게 강한 줄 몰랐어."

겁을 집어먹은 에시르 신들을 향해 굴베이그가 소리쳤다.

"감히 나를 죽이려고 하다니! 각오해라, 결코 네놈들을 용서하지 않겠다."

굴베이그의 독기 서린 말에 에시르 신들은 벌벌 떨기만 했다. 그것을 본 오딘이 앞으로 나서며 말했다.

"굴베이그, 이 고약한 것! 네가 지금 신들의 왕인 나 오딘에게 맞서자는 것이냐?"

화가 난 오딘이 지팡이를 내려치자 굴베이그가 서 있던 자리에 갑자기 가시 넝쿨이 자라나기 시작했다. 가시 넝쿨에 갇힌 굴베이그가 오딘을 보며 말했다.

"오딘, 오늘은 이 정도로 참겠다. 하지만 두고 보자, 누가 이기는지."

굴베이그가 바람처럼 사라지고 난 뒤에야, 에시르 신들은 긴장을 풀 수 있었다.

"후, 다행이야!"

"다행은……. 아까 굴베이그가 한 말 못 들었어? 두고 보자잖아. 전쟁은 아직 끝나지 않은 것 같아."

굴베이그는 사라졌지만, 에시르 신들의 걱정은 끝나지 않았다.

그 뒤부터 에시르 신들은 굴베이그를 헤이드라고 불렀다. 헤이드는 '불타는 존재'라는 뜻이었다. 불 속에서 살아 나온 뒤 굴베이그는 더욱 강해졌다. 오딘과의 싸움에서 지지 않기 위해 마법 공부에 힘을 쏟았기 때문이다.

바니르 신들은 굴베이그가 오딘의 왕국에 놀러 갔다가 위험한 일을 당했다는 소식을 들었다.

"에시르 신들이 굴베이그를 죽이려고 했대. 그것도 세 번씩이

마녀 굴베이그 때문에 시작된 신들의 전쟁

나.”

“대체 왜?”

“황금에 욕심을 냈대.”

“말도 안 돼! 그렇다고 죽이려고까지 했단 말이야?”

“그건 우리 바니르 신 모두를 모욕한 것과 마찬가지야. 가만히
있어서는 안 돼!”

“맞아, 전쟁을 하자! 에시르 신들을 없애 버리는 거야!”

“좋았어!”

아스가르드의 발라스칼프 궁전에 앉아 있던 오딘에게도 바니르
신들이 전쟁 준비를 하고 있다는 소식이 전해졌다.

“괘씸한 것들! 굴베이그가 잘못한 것은 생각하지 않고, 감히 나
에게 도전장을 내밀어? 이번에야말로 에시르 신들의 매운맛을 보여
주마!”

오딘은 전사들을 이끌고 바니르 신들이 사는 곳으로 달려갔다.
그리고 바니르 신들 앞에 자신의 창을 던지며 소리쳤다.

“지금부터 전쟁이다! 한 놈도 살려 두지 않겠다. 각오해라!”

바니르 신들도 창을 내던지며 소리쳤다.

"너희들이나 도망치지 말거라! 이참에 굴베이그의 복수를 하고 말 테다!"

신들 간의 최초의 전쟁이 시작된 것이다.

굴베이그의 도움을 받은 바니르 신들이 먼저 아스가르드 성벽 위에 번개 폭탄을 퍼부었다. 그러자 성벽은 물론 궁전까지 산산이 무너졌다.

"이제 바니르가 얼마나 무서운지 알겠느냐? 이놈들아!"

에시르 신들의 반격도 만만치 않았다. 오딘이 마법을 사용해 커다란 돌 우박을 퍼붓자, 바니르 신들이 사는 바나헤임도 순식간에 박살이 났다.

"요놈들! 이제 우리 에시르의 힘을 알겠느냐?"

전쟁은 쉽사리 끝나지 않았다. 바니르가 이긴 것 같으면, 다시 에시르가 공격을 해 왔고, 에시르의 공격이 뜸해지면 다시 바니르가 거친 공격을 해 왔다. 한 번 이기고 한 번 지고, 한 번 지고 한 번 이기

마녀 굴베이그 때문에 시작된 신들의 전쟁

고……. 한 달이 지나고 두 달이 지나도 승패는 결정 나지 않았다.

전쟁이 계속되자 신들도 점점 힘이 빠지기 시작했다. 여기저기서 불평이 터져 나왔다.

"도대체 이 전쟁은 언제 끝나는 거야?"

"그러게 말이야……. 힘들어 죽겠네."

두 신족의 대표가 평화를 협의하려고 만났지만 이견은 좀처럼 좁혀지지 않았다.

"우리 이제 그만 화해합시다! 단, 에시르족이 전쟁을 먼저 일으켰으니 그에 따른 보상을 해야 합니다."

"그게 무슨 소리요? 당신네 바니르족이 먼저 전쟁 준비를 시작하지 않았소? 보상은 당신들이 해야 하오!"

"그거야 에시르족이 굴베이그를 괴롭혔기 때문이 아니오!"

"굴베이그가 왕비의 황금 팔찌를 훔치지 않았다면, 우리도 굴베이그를 죽이려고 하지는 않았을 것이오. 그러니 굴베이그의 잘못이 먼저가 아닌가요?"

"그리고 보니 이번 전쟁은 굴베이그가 원인이었구려. 마녀 하나 때문에 두 신족이 모두 멸망할 수는 없으니, 이제 그만 화해를 하도록 합시다!"

"좋소. 그럽시다."

어렵게 화해하기로 한 에시르족과 바니르족은, 화해의 증거로 서로의 지도자들을 맞바꾸기로 했다.

바니르 신족에서는 뇨르드와 그 쌍둥이 아들딸, 프레이르와 프레이야가 에시르 신들이 살고 있는 아스가르드로 갔다. 바니르 신들 가운데 가장 똑똑한 크바시르도 그들을 따라갔다.

에시르 신들은 바니르에서 온 신들을 반갑게 맞았다. 그런데 며칠 지나지 않아 이상한 소문이 들려왔다. 뇨르드가 자기 친누이와 결혼해서 쌍둥이 형제를 낳았다는 것이다. 아스가르드는 이 해괴한 소문에 발칵 뒤집혔다.

"어떻게 자기 누이랑 결혼을 한단 말이오? 상상도 할 수 없는 일이오."

"맞소. 그런 부도덕한 자를 우리 지도자로 삼을 순 없소!"

그러자 오딘이 에시르 신들을 달랬다.

"약속한 일이니 모른 척하고 넘어갑시다. 그렇다고 이제 와서 다시 바니르 신들과 전쟁을 할 수는 없지 않소?"

마땅치 않았지만 에시르 신들은 뇨르드와 프레이르, 프레이야를 자신들의 지도자로 받아들였다.

에시르 신들은 키다리 호니르와 세상에서 가장 지혜로운 미미르를 바니르 신족들이 살고 있는 바나헤임으로 보냈다. 호니르는 덩치가 좋고 얼굴도 잘생겼지만, 미미르는 키도 작고 얼굴이 좀 얽었다. 하지만 둘은 단짝이었다. 어디를 가든 늘 붙어 다녔다.

사람들은 머리 좋은 미미르보다는 잘생긴 호니르를 더 좋아했다. 바니르 신들도 마찬가지였다. 호니르의 얼굴에 반한 바니르 신들은 호니르를 자신들의 지도자로 삼았다. 그러자 호니르가 말했다.

"날 지도자로 뽑아 준 여러분 마음을 잊지 않겠소. 부탁이 하나 있소. 미미르와 같이 지내게 해 주시오."

바니르 신들은 곰보 미미르가 영 마음에 들지 않았지만 어쩔 수 없이 호니르의 말을 들어주었다.

호니르는 무슨 일을 할 때면 꼭 미미르에게 의견을 물어보았다. 미미르가 언제나 옳고 정확한 판단을 했기 때문이다. 그래서 미미르가 함께 있으면 호니르는 아무런 실수도 하지 않았다. 하지만 미미르가 잠시 외출이라도 하면 큰일이었다. 머리가 나쁜 호니르 혼자서는 아무런 판단도 내릴 수가 없었다. 그래서 미미르 없이 혼자 회의에 참석할 때마다 진땀을 빼곤 했다.

"호니르 님 생각은 어떠십니까?"

"내 생각을 꼭 말해야 합니까? 귀찮으니 여러분이 알아서 하십시오."

호니르는 자신의 의견을 말해야 할 때마다 적당히 얼버무리거나 꾀병을 핑계로 자리를 피하곤 했다.

"저 갑자기 배가 아파서……. 나중에 다시 얘기합시다."

그런 일이 자꾸 되풀이되자 바니르 신들도 뭔가 이상하다는 생각을 하기 시작했다.

"호니르가 좀 이상하지 않아?"

"맞아. 호니르는 덜떨어졌어. 멍청해!"

"우리가 속은 거야! 에시르 놈들이 바보들을 우리에게 보낸 거야!"

"맞아. 그것도 모르고 우린 최고의 신들을 보냈으니, 우리가 어

마녀 굴베이그 때문에 시작된 신들의 전쟁

리석었어."

바니르 신들은 자신들을 속인 에시르 신들을 용서할 수가 없었다. 그래서 복수하기로 하고 미미르의 머리를 잘라 오딘에게 보냈다.

피를 철철 흘리는 미미르의 머리를 보자 에시르 신들은 화가 나서 견딜 수가 없었다.

"미미르를 죽이다니! 참을 수 없어!"

"바니르 놈들에게 질 수는 없어요! 당한 만큼 되돌려 줘야 해요!"

"그래요. 이대로 가만히 있을 수는 없어요."

"맞아요, 우리도 뇨르드의 머리를 잘라 보냅시다!"

하지만 오딘은 침착하게 에시르 신들을 다독였다. 그런 다음 미미르의 머리가 썩지 않도록 약초를 넣고, 마법의 주문을 외웠다.

"미미르, 네게 말할 수 있는 능력을 주겠다. 넌 이제부터 위그드라실 뿌리 끝에 있는 샘을 지키게 될 것이다. 그 샘은 너의 이름을 따서 미미르 샘이라고 부를 것이다. 자, 그러니 네가 가진 지혜를 내게 다오. 너의 지혜를 통해 우리 에시르 신들이 더욱 강해질 것이다."

그러자 미미르의 머리가 말했다.

"제가 가진 지혜를 갖고 싶거든 당신의 눈 하나를 빼서 제게 주세요. 그런 다음 이 샘물을 마시세요."

'그래, 공짜는 없어. 이 세상 최고의 지혜를 얻기 위해서는 희생이 따라야 해.'

오딘은 조금도 망설이지 않고 얼른 눈 하나를 빼어 미미르에게 주었다. 그런 다음 샘물을 마셨다. 그렇게 해서 오딘은 세상에서 제일 가는 지혜를 얻게 되었다.

무너진 성벽을 고치러 온 남자

Norse mythology

전쟁이 끝난 지 오래되었지만, 에시르 신들이 사는 아스가르드 성벽은 무너진 그대로 남아 있었다. 보다 못한 오딘은 회의를 열었다.

"언제까지 성벽을 저대로 둘 생각이오?"

"적들이 쳐들어오기 전에 다시 쌓겠습니다. 하지만……."

에시르 신이 말을 얼버무리자, 오딘이 답답하다는 듯 재촉했다.

"왜 말을 하다 마시오?"

"성벽을 쌓는 일이 워낙 힘든 일이라서……."

"허허, 그래서 이 넓은 아스가르드에 성벽을 쌓을 신이 한 명도 없단 말이오?"

오딘은 바로 옆에 있던 토르를 가리키며 말했다.

"성벽을 쌓지 않겠느냐?"

"전 한동안 여기 없을 겁니다. 거인국으로 여행을 떠나기로 약속이 되어 있습니다."

"그럼 로키 너는?"

"저, 전 어젯밤에 갑자기 허리를 다쳐서……."

신들이 모두 발을 빼자, 오딘은 더 이상 뭐라고 할 수가 없었다. 성벽 쌓는 일은 이렇게 자꾸만 뒤로 미루어졌다.

시간이 자꾸 흐르자 오딘은 초조해졌다. 만약 성벽을 쌓지 못해 아스가르드에 문제가 생긴다면, 그건 오딘의 책임이기 때문이다. 오딘은 할 수 없이 무너진 성벽을 쌓아 줄 사람을 구한다는 광고를 냈다. 소문은 인간들이 사는 미드가르드와 거인들이 살고 있는 요툰헤임에까지 널리 퍼졌다.

어느 날 무지개다리인 비프로스트에 올라앉아 아스가르드를 지키던 수문장 헤임달은, 덩치가 큰 남자가 말을 타고 다가오는 것을 보았다.

오딘과 넘실거리는 파도 사이에서 태어난 헤임달은, 먼 세상 끝에서 일어나는 일도 볼 수 있는 신기한 눈을 가지고 있었다. 귀도 예민해서 땅끝에서 들리는 아주 작은 소리까지 들을 수 있었다. 게다가 아버지 오딘을 닮아 씩씩했다. 어른이 된 헤임달은 오딘의 명을 받아 아스가르드를 지키는 파수꾼이 되었다. 헤임달이 오딘에게 받은 마법 나팔을 목에 걸고 지키고 나서는, 개미 한 마리도 몰래 아스가르드를 넘어오지 못했다.

말을 탄 남자가 가까이 오자, 헤임달은 다리에서 펄쩍 뛰어내렸다.

"너는 누구냐! 여긴 왜 왔느냐?"

"오딘 님을 만나 할 이야기가 있어 찾아왔습니다."

"인간인 네가 감히 신들의 왕, 오딘 님을 만나겠다는 것이야? 할 이야기가 있으면, 내게 먼저 하거라."

"오딘 님이 아니면 그 누구와도 이야기하지 않겠습니다. 그러니 오딘 님께 제가 왔다고 전해 주십시오!"

남자가 계속 고집을 부리자 헤임달은 기분이 나빠졌다.

"내가 누구인 줄 모르느냐? 난 오딘의 아들, 아스가르드를 지키는 파수꾼 헤임달이다. 나에게 말하든지 아니면 그냥 돌아가든지 맘대로 해라.”

심통이 난 헤임달이 다시 무지개다리로 펄쩍 뛰어올랐다. 그러자 남자는 말을 돌려 세웠다.

“저를 그냥 보냈다가 나중에 정말 후회할 일이 생길지도 모릅니다.”

'허허, 저놈 배짱 한번 두둑하네. 대체 오딘 님께 할 이야기가 뭐지? 정말 중요한 이야기면 어쩌지? 그래, 참자, 참아!'

헤임달은 돌아가는 남자를 큰 소리로 불렀다.

“알았다. 오딘 님을 만나게 해 줄 테니, 따라오너라.”

그제야 남자는 말에서 내려와 헤임달에게 공손히 인사를 했다.

헤임달은 나팔을 짧게 불어 손님이 찾아왔다는 것을 모두에게 알렸다. 그런 다음 오딘과 에시르 신들이 모두 모여서 회의를 하는 신전 글라드스헤임으로 남자를 데려갔다.

헤임달의 나팔 소리를 들은 에시르 신과 여신들은 하나 둘 신전으로 모여들었다.

“무슨 일이지? 이번엔 누가 찾아온 거야?”

"곧 알게 되겠지, 뭐."

오딘이 신전 가운데 있는 황금 의자에 앉자, 다른 신들도 모두 의자에 앉았다.

조금 있자 헤임달이 남자 하나를 데리고 들어왔다. 남자는 주위를 휘휘 둘러보더니 성큼성큼 오딘 앞으로 다가갔다.

"대체 뭐 하는 놈이기에 저리 건방져? 신들에게 인사도 하지 않고……. 저렇게 무례한 녀석은 내 생전 처음이야."

"그러게. 겁도 없나 봐."

오딘 앞으로 간 남자는 허리에 손을 얹은 채 말했다. 목소리가 어찌나 큰지 천장이 쩌렁쩌렁 울릴 정도였다.

"전 세상에서 제일가는 석공입니다. 무너진 아스가르드 성벽을 쌓고 싶어 왔습니다."

오딘은 신들 앞에서도 조금도 기가 죽지 않는 당당한 석공이 마음에 들었다. 그래서 석공을 요모조모 살펴보았다. 그러고 나서 슬쩍 한번 떠보았다.

"뭐라 했느냐. 성벽을 쌓겠다고! 만약 성벽을 잘못 쌓으면 무사히 돌아가지 못할 텐데?"

"걱정 마십시오. 그럴 일은 없을 겁니다."

"자신만만하군. 난 말이야, 아스가르드에 낯선 인간들이 돌아다니는 걸 무척 싫어한다네. 만약 자네가 성벽을 쌓게 된다면 사람들을 몇 명이나 데리고 올 생각인가?"

"사람들은 필요 없습니다. 저 혼자서도 충분합니다."

"뭐라고? 성벽 쌓는 일을 혼자 하겠다고?"

수백 명이 달려들어도 힘든 일을 혼자 하겠다고 하자, 오딘은 석공이 자신을 놀리는 것만 같았다. 화가 난 오딘은 석공에게 소리를 버럭 질렀다.

"네가 지금 신들의 왕인 나와 말장난을 하자는 것이냐?"

다른 신들도 말도 안 된다는 듯 고개를 설레설레 저었다.

"신들도 못하는 험한 일을 혼자 하겠다고? 정신 나간 거 아니야?"

"자신이 없는데 저렇게 큰소리를 칠 수 있겠어? 뭔가 믿는 구석이 있겠지."

"혹시 마법을 부릴 생각인가?"

"에그, 마법 이야기는 꺼내지도 마. 마법 하면 굴베이그 생각이

나서 끔찍하니까."

신들이 웅성거리자 석공은 더욱 큰 소리로 또박또박 말했다.

"제가 어찌 신들 앞에서 장난을 치겠습니까? 저는 이 세상 최고의 기술자입니다. 속는 셈 치고 제게 일을 맡겨 주십시오. 세상에서 가장 튼튼한 성벽, 마법에도 끄떡없는 성벽을 쌓아 드리겠습니다. 바니르 신들이나 서리 거인들이 아무리 거센 공격을 해도 무너지지 않는 성벽을 만들어 드리겠습니다! 성벽 쌓는 일을 더 이상 미뤄서는 안 됩니다. 적이라도 쳐들어오면 어쩌려고 그러십니까?"

석공의 간곡한 말에 화가 났던 오딘은 스르르 마음이 풀렸다.

"좋다. 한번 믿어 보마. 시간은 얼마나 주면 되느냐?"

"열여덟 달이면 됩니다."

"좋다, 그럼 성벽을 지어 주는 대가로 뭘 받고 싶으냐?"

그러자 석공은 씩 웃으며 주위에 있던 에시르 신들과 여신들을 둘러보았다. 그러더니 그 가운데 한 여신을 가리키며 말했다.

"저기 저 여신을 제게 주십시오!"

놀랍게도 석공이 가리킨 여신은 바로 바나헤임에서 온 미의 여신 프레이야였다. 오딘의 아내인 프리그나 토르의 아내인 시프보다도 아름다운, 에시르 최고의 미녀 프레이야. 에시르 신들이 모두 좋아하는 여신 프레이야였다.

프레이야는 화가 나서 파르르 몸을 떨었다. 그 모습을 보자 에시르 신들은 더욱 화가 나서 견딜 수가 없었다.

"인간 따위가 어디 여신을! 신들을 모독하다니, 저놈을 살려 보내서는 안 됩니다!"

신들이 거칠게 굴어도 석공은 조금도 흔들리지 않았다.

"성벽이 완성되면 해와 달도 제게 주십시오. 세상에서 가장 튼튼한 성벽을 쌓은 대가로 그 정도는 받아야 하지 않겠습니까?"

"아무리 성벽이 급해도 이건 말도 안 돼!"

"맞아. 흥정은 끝났어. 프레이야를 저 녀석에게 줄 수는 없어!"

흥분한 에시르 신들이 떠들고 있을 때, 기둥 뒤에 서 있던 로키가 앞으로 나섰다.

거인 파르바우티의 아들인 로키는 신들 가운데 가장 꾀가 많았다. 변신술도 뛰어났다. 마음만 먹으면 온갖 동물이나 식물, 새나 곤충으로 변할 수 있었다. 하지만 심술이 사납고 성격이 못된 데다가 장난이 심해 신들과 사람들은 '로키'라는 말만 들어도 고개를 절레절레 흔들곤 했다.

언젠가 한번은 심심하다고, 토르의 아내 시프가 잠든 새에 그 황금 빛깔 머리카락을 자르기도 했다. 오딘의 아들이며 신들 중에서 가장 힘이 센 토르의 아내에게 장난을 치다니! 강심장도 그런 강심장이 없었다. 아침에 일어나서 머리카락이 잘린 걸 안 시프는 울며불며 펄펄 뛰었고, 화가 난 토르는 범인을 찾는다며 아스가르드 전체를 휘젓고 다녔다. 로키가 범인이라는 걸 알아내자 토르는 한걸음에 달려가 로키를 메다꽂았다. 하마터면 큰 싸움이 일어날 뻔했다.

그런 로키가 나서자, 신들은 대체 무슨 말을 할까 싶어 눈들을 동그랗게 뜨고 로키 입만 바라보았다.

"흥분을 가라앉히고 다시 한 번 생각해 봅시다. 성벽은 지어야 할 게 아닙니까?"

"그건 그렇지. 무슨 좋은 생각이라도 있느냐?"

오딘이 궁금해 죽겠다는 듯이 묻자, 로키는 일단 석공부터 밖으로 내보내자고 했다. 석공이 밖으로 나가자 로키는 말을 이었다.

"일단 석공의 의견을 받아들이는 척하는 겁니다. 성벽부터 쌓게 하는 것이지요. 그런 다음 우리도 새로운 조건을 내거는 겁니다. 어떤 조건을 내걸면 좋을지는 지금부터 생각을 모아 봐야 합니다.”

잠시 생각하던 오딘이 말했다.

“일단 로키 생각대로 하자. 좋은 방법을 생각해 보거라.”

석공에게 일을 맡기는 쪽으로 의견이 모아지는 것 같자, 프레이

야는 속이 상했다.

‘고향을 떠나 낯선 나라에 와서 사는 것도 억울한데, 이제 인간

에게 시집을 가야 한다니! 로키 저 녀석은 대체 나랑 무슨 원수가 졌

기에, 나를 이렇게 힘들게 하는 거야.’

프레이야가 눈물을 뚝뚝 흘리는 것을 보자 다른 여신들도 마음

이 아팠다.

“너무 걱정하지 말아요. 오딘 님이 프레이야를 보내지 않을 거

예요.”

“그럼요. 여지껏 사람과 결혼한 여신은 없었어요. 프레이야, 그

러니 안심하세요.”

회의를 계속했지만 별다른 의견은 나오지 않았다. 그러자 로키

가 말했다.

"녀석에게 육 개월 안에 성벽을 쌓아야 한다는 조건을 내걸면 어떨까요?"

"말도 안 돼! 귀신도 육 개월 안에 성벽을 쌓을 수는 없어."

파수꾼 헤임달이 말도 안 되는 소리라는 듯 웃자, 다른 신들도 고개를 끄덕였다. 그러자 로키가 말했다.

"육 개월 안에 성벽을 쌓을 수 없다는 건, 저도 잘 압니다. 그래서 그런 조건을 걸자는 겁니다. 녀석이 그 조건을 받아들이지 않으면 성벽 문제는 없던 일로 하면 됩니다. 만약 녀석이 그 조건을 받아들여서 성벽을 쌓겠다고 해도 크게 걱정할 필요가 없습니다. 육 개월 안에 성벽을 쌓는 일은 도저히 불가능하니까요. 녀석이 질 건 뻔합니다. 그럼 우린 프레이야와 해와 달을 내주지 않아도 됩니다. 성벽이 다 완성되지 않아 아쉽긴 하겠지만, 적어도 삼분의 일은 쌓을 테니까 우리가 손해 보는 건 없겠지요."

로키의 말이 끝나자마자 신들은 모두 입을 다물었다. 꾀보 로키의 말을 순순히 따르기는 싫었지만 아무리 생각해도 신들에게 손해되는 일은 아닌 것 같았다. 게다가 오딘이 좋은 생각이라는 듯 박수를

세 번 치자, 인간을 속이는 것 같아 조금 찜찜해하던 몇몇 신들도 마지못해 고개를 끄덕였다.

　오딘은 밖에서 기다리고 있던 석공을 불러 회의 결과를 알려 주었다.

　"육 개월 안에 성벽을 다 쌓으면 네가 말한 조건을 들어주겠다. 하지만 성벽을 쌓지 못하면 넌 깨끗이 물러나야 한다. 여섯 달이다. 여섯 달에서 하루도 더 줄 수 없다."

　석공은 말도 안 된다며 투덜거렸다.

　"육 개월 만에 성벽을 쌓는 것은 불가능합니다. 다시 생각해 주십시오."

　하지만 이미 마음의 결정을 내린 오딘은 꿈쩍도 하지 않았다.

　"내일부터 겨울이 시작된다. 하지만 내일부터 성벽을 쌓기 시작해라. 단, 너 혼자 해야 한다. 여름이 시작되는 첫날까지 성벽을 완성하지 못하면 너는 아무것도 받을 수 없다. 어떻게 하겠느냐? 우리 조건을 받아들여 공사를 하겠느냐? 아니면, 그냥 포기하고 돌아가겠느냐?"

심각한 얼굴로 고민 고민하던 석공은 포기하려는 듯 돌아섰다. 그러다 뒤에 서 있던 프레이야 여신과 눈이 마주치고 말았다. 석공은 한참 동안 아무 말 없이 프레이야를 바라보았다. 그러더니 결심을 굳힌 듯 오딘을 향해 말했다.

"하겠습니다. 대신 나의 말馬 스바딜파리와 일할 수 있도록 허락해 주십시오."

"안 된다. 더 이상 조건을 붙이지 마라."

오딘이 딱 잘라 말하자 석공의 표정이 굳어졌다.

"십팔 개월을 육 개월로 줄여 놓고, 말 한 마리도 양보하지 않으시겠다니 너무하십니다. 저도 더 이상은 양보할 수 없습니다. 성벽 쌓는 일은 없던 일로 하겠습니다."

석공이 돌아서려고 하자, 로키가 다가와 오딘에게 속삭였다.

"그냥 허락하십시오. 말 한 마리를 쓴다고 크게 달라질 건 없습니다."

"싫다, 허락할 수 없다."

로키는 계속 오딘을 설득했다.

"저 석공 표정을 보십시오. 아주 단호합니다. 오딘 님이 계속 고집을 부리시면 저 석공은 그냥 돌아가고 말 겁니다. 그럼 성벽을 누가 쌓습니까? 지난번 회의에서 우리 신들 가운데는 성벽 쌓을 자가 없다는 것을 확인하지 않으셨습니까? 물론 광고를 보고 다른 사람이 찾아올 수도 있습니다. 그런데 만약 그 사람이 저 석공보다 더 말도 안 되는 조건을 내걸면 어찌하시겠습니까? 우리가 이렇게 미적미적하는 사이에 적이라도 쳐들어오면 어찌합니까? 제발 한 번만 더 생각해 주십시오."

오딘이 로키 의견에 마음이 기우는 것처럼 보이자, 이번에는 프레이야가 따지고 들었다.

"오딘 님, 다시 한 번 생각해 주세요. 저를 두고 저 석공과 내기를 벌이지 마세요. 만에 하나 저 석공이 성벽을 완성하면, 그래서 저 무지막지하게 생긴 사람과 결혼해야만 한다면 전 차라리 죽고 말겠어요. 그러니 제발 여기서 내기를 멈추어 주세요."

프리그와 다른 여신들도 말렸다.

"프레이야의 말이 맞습니다. 여신을 두고 내기를 하는 건 옳지 않습니다."

그러자 로키가 답답하다는 듯이 다시 나섰다.

무너진 성벽을 고치러 온 남자

"내 참, 이길 게 뻔한 내기를 포기하라니 다들 정신들이 어떻게 된 거 아냐? 성벽을 쌓지 않고 이대로 있다가 적의 공격을 받아 아스가르드가 없어지기라도 해야 정신을 차리겠어?"

가만히 있던 오딘이 마침내 입을 열었다.

"석공의 제안을 받아들이겠다. 나 오딘의 이름을 걸고 맹세한다. 성벽이 완성되면 약속은 꼭 지키겠다!"

"저도 맹세합니다. 만약 육 개월 만에 성벽을 완성하지 못하면 조용히 떠나겠습니다."

석공과 오딘은 신들이 지켜보는 가운데 계약을 맺었다. 계약이 끝나자, 석공이 오딘과 신들을 돌아보며 말했다.

"전 마음이 편안해야 일을 더 잘합니다. 제가 공사를 하는 동안 그 누구도 제 주변에 얼씬거리지 않게 해 주십시오."

여행을 하느라 회의에 빠진 토르가 돌아와 혹시라도 계약을 트집 잡으며 자신을 괴롭힐까 봐 걱정이 되었던 것이다. 석공의 마음을 눈치챈 오딘은 순순히 석공의 부탁을 들어주었다.

"걱정 말아라. 성벽을 쌓는 동안 너의 안전은 내가 보장하마."

신들의 꼼수에 넘어간
바위 거인

Norse mythology

　겨울의 첫날이 밝았다. 에시르 신들은 석공이 어떻게 일을 하는지 지켜보기로 했다. 하지만 한나절이 지나도 석공은 이곳저곳을 돌아다니기만 했다.

　"왜 일을 시작하지 않지?"

　"그러게. 막상 일을 하겠다고 했지만, 겁이 나는 게 아닐까?"

　"에이, 설마."

　어디론가 사라졌던 석공은 저녁때가 되자 두 팔 가득 칡넝쿨을 안고 돌아왔다. 그러더니 성벽에 걸터앉아 며칠 동안 넝쿨로 뭔가를 열심히 만들었다.

　"뭘 하는 거지?"

　"그러게 말이야. 저렇게 뜸을 들이는 걸 보니 아무래도 주어진 기간 내에 성벽을 완성하긴 어려울 것 같아."

구경하던 에시르 신들은 지쳐서 각자 자신들의 궁전으로 터벅터벅 돌아갔다.

며칠 뒤 석공은 새벽 일찍 스바딜파리를 끌고 커다란 나무들이 우거진 숲으로 갔다. 숲을 빠져나가자 크고 단단한 바윗덩어리들이 많은 채석장이 나왔다. 석공은 며칠 동안 칡넝쿨을 꼬아 만든 그물을 말 뒤에 매달았다. 그런 다음 커다란 바윗덩어리 하나를 번쩍 들어 그물 안에 놓았다. 그물이 바위로 대충 차자 스바딜파리의 등에 훌쩍 올라타더니, 채찍으로 말의 엉덩이를 때리며 소리쳤다.

"자, 돌아가자!"

말이 끝나기가 무섭게 스바딜파리는 힘차게 달리기 시작했다. 그물 가득 매달린 바윗덩어리가 조금도 무겁지 않다는 듯, 힘차고 경쾌했다. 숲을 빠져나와 무너진 성벽 가까이 온 뒤에야 스바딜파리는 거친 숨을 훅훅 몰아쉬었다.

잠시 스바딜파리가 쉬는 동안 석공은 바윗덩어리를 꺼내 벽돌 모양으로 쪼았다. 돌이 다 쪼아지자, 성벽을 쌓아 올렸다. 석공은 이른 새벽부터 밤늦게까지 밥 먹는 시간 외엔 잠시도 쉬지 않고 일했다.

몰래 석공이 일하는 모습을 지켜본 로키는 왠지 불안해지기 시작했다.

'혹시 저러다가 기간 내에 성벽을 완성하는 거 아냐?'

석공이 일을 얼마나 했는지 궁금해서 구경 나왔던 몇몇 에시르 신들도 깜짝 놀랐다.

"그 짧은 시간에 어떻게 이렇게 많은 일을 했지?"

"아무래도 이상해요. 처음 며칠간은 빈둥거리기만 했잖아요."

"그러게 말이오. 이러다가 정말 성벽을 다 쌓기라도 하면……. 으, 생각만 해도 끔찍해요."

불안한 생각이 들었지만, 에시르 신들은 애써 마음을 다잡았다.

"자, 모두 마음을 느긋하게 가집시다. 저 석공이 힘이 좋긴 하지만, 마법을 쓰지 않는 한 약속을 지키긴 어려울 겁니다."

"맞아요. 신들 체면이 있지, 고작 석공 나부랭이에게 겁을 집어먹을 필요는 없어요."

신들의 꼼수에 넘어간 바위 거인

겨울은 더욱 깊어졌다. 바람은 더욱 매서워지고, 하늘에서는 쉴 새 없이 우박이 쏟아졌다. 땅은 꽁꽁 얼어붙어 발을 딛기도 힘들 정도였다. 그런데도 석공은 쉬지 않았다. 손이 얼어 갈라지고 피가 흐르는데도 쉬지 않고 바위를 쪼았고, 성벽을 쌓았다. 말을 데리고 채석장으로 가 바윗덩이를 실어 날랐다.

그 모습을 보자 에시르 신들의 걱정은 점점 커졌다.

"아무래도 우리가 잘못 생각한 것 같아."

"맞아, 그때 로키 말을 듣는 게 아니었어."

프레이야 여신 역시 겁에 질려 어쩔 줄 몰랐다.

겨울과 봄이 지나고 여름이 가까워지자 낮이 점점 더 길어졌다. 그만큼 석공이 일할 시간도 늘어났다.

여름이 시작되기 이틀 전, 성벽이 얼마나 완성되었는지 궁금해서 공사장에 나갔던 오딘은 깜짝 놀랐다.

'이럴 수가, 성벽을 벌써 다 쌓다니……. 성벽에 문만 달면 끝이잖아. 이 일을 어쩌지? 이러다간 정말 프레이야를 저놈에게 내주어야 할 것 같아.'

마음이 급해진 오딘은 서둘러 궁전으로 돌아와 회의를 열었다.

"성벽이 거의 다 완성되었다. 이제 어떻게 하면 좋겠느냐?"

에시르 신들은 고개를 떨어뜨리고 한숨만 푹푹 내쉴 뿐, 아무 말도 하지 못했다.

"그렇게 입을 다물고 있을 때가 아니다! 어서들 말하라, 빠져나갈 좋은 방법이 없느냐?"

아무도 의견을 내놓지 않자 답답해진 프레이야 여신이 닭똥 같은 눈물을 흘리기 시작했다. 쉴 새 없이 흘러내린 눈물은 프레이야 여신의 옷은 물론, 궁전 바닥까지 흥건히 적셨다.

화가 난 오딘은 창을 빼어 들었다.

"처음에 이 거래를 해야 한다고 주장한 게 누구냐? 이제 프레이야는 물론 나와 내 아우들이 직접 하늘에 박아 놓은 해와 달을 저 무식한 석공에게 넘겨주게 되었단 말이다. 책임 있는 자는 어서 나와라!"

신들은 혹여 자기들에게 불똥이 튈까 봐 입을 꾹 다문 채, 로키만을 바라보았다. 겁이 난 로키는 뒤로 조금씩 물러서면서 투덜거렸다.

"다들 좋다고 하더니……. 왜 이제 와서 내 탓을 하는 거야? 난

뭐 일이 이렇게 될 줄 알았나. 나도 몰랐단 말이야."

로키가 변명을 늘어놓자 오딘은 더욱 화가 났다. 오딘은 로키에게 달려가 멱살을 잡았다.

"로키, 아직도 할 말이 남았나?"

"억울합니다. 제가 의견을 낸 건 사실이지만, 이 일이 저 혼자 주장해서 된 일은 아니지 않습니까? 우리 모두를 위해 한 일인데, 왜 이제 와서 저에게만 화를 내십니까?"

오딘이 갑자기 멱살을 풀었다. 그러자 로키는 중심을 잃고 바닥에 나동그라졌다.

"네 말도 틀리지는 않다. 하지만 네놈이 내게 석공이 말을 쓰도록 허락하라고 속삭이지만 않았어도 일은 이렇게까지 되지 않았을 것이다. 그러니 이번 일은 로키 네가 책임을 져라, 알겠느냐?"

"옳습니다. 이번 일은 전적으로 로키가 책임져야 합니다."

"현명하신 판단입니다, 오딘 님!"

로키는 오딘의 결정이 마음에 들지 않았지만, 에시르 신들이 모두 오딘의 편을 들자 할 수 없다는 듯 고개를 끄덕였다. 로키가 자기 잘못을 인정하는 것 같자, 신들은 더욱 거세게 로키를 공격했다.

신들의 꼼수에 넘어간 바위 거인

"헤이, 로키! 이번에도 그 좋은 머리를 데굴데굴 굴려 보시지. 석공에게 약속을 지키지 않아도 되는 방법을 생각해 보라고! 방법을 찾지 못하면 더 이상 우리들 얼굴을 볼 수 없을 테니."

"우리 모두를 위험에 빠뜨렸는데, 겨우 아스가르드에서 쫓아내는 벌만 주고 말겠다니, 처벌이 너무 약해요!"

"그래요, 목숨을 거두어야 해요!"

에시르 신들의 격앙된 이야기가 끝나자, 오딘은 매서운 눈초리로 로키를 쏘아보며 말했다.

"잘 들었느냐? 네놈 목숨을 걸고 방법을 찾아내라!"

"알았습니다. 내 목숨을 걸고 맹세하죠. 석공이 성벽을 완성하도록 놔두지 않겠어요. 죽을힘을 다해 막겠어요!"

그날 밤, 석공은 마지막 작업에 쓸 돌을 구하기 위해 스바딜파리를 데리고 채석장으로 가고 있었다. 내일이면 공사가 끝난다고 생각하자 춤이라도 추고 싶었다.

'흐흣, 오늘 밤만 고생하면 돼! 드디어 이 세상에서 가장 아름다운 프레이야를 신부로 얻게 된다고.'

스바딜파리도 석공의 마음을 아는지 따박따박 경쾌하게 걸음을 떼어 놓았다. 바윗돌을 싣고 숲을 지나가는데, 갑자기 어디선가 이상한 소리가 들렸다.

"무슨 소리지?"

석공이 잠시 주위를 두리번거리는 사이, 나무 뒤에서 암말 한 마리가 뛰어나왔다. 눈처럼 희고 예쁜 암말이었다. 암말은 스바딜파리 옆으로 오더니 꼬리를 흔들며 아양을 떨었다. 스바딜파리도 암말이 맘에 드는지 걸음을 딱 멈췄다. 암말은 스바딜파리 주위를 빙빙 돌며 엉덩이를 씰룩거리더니, 갑자기 숲 속으로 달려가기 시작했다. 그러자 스바딜파리도 암말을 따라 숲 속으로 달려갔다.

"스바딜파리, 돌아와! 제발!"

흥분한 석공이 큰 소리로 불렀지만 스바딜파리는 돌아보지도 않았다.

"나쁜 놈, 고약한 놈, 주인도 몰라보는 못된 놈! 돌아와! 돌아오란 말이야!"

석공이 죽을힘을 다해 따라갔지만, 말들은 이미 숲 속 깊은 곳으로 사라져 버리고 없었다. 석공이 밤새도록 온 숲을 뒤지고 다녔지만 말들은 보이지 않았다.

"용서할 수 없어, 다 된 밥에 재를 뿌리다니! 스바딜파리, 널 그냥 두지 않을 거야!"

미친 듯 고래고래 소리를 지르다가 지친 석공은 그대로 성벽 밑에 쓰러져 잠이 들었다.

새벽이 되어서야 스바딜파리는 석공 곁으로 돌아왔다. 스바딜파리는 미안한 듯 석공의 얼굴을 핥았다.

"나쁜 놈! 이제 와서 그러면 뭐해! 망쳤어, 너 때문에 모든 걸 망쳐 버렸다고!"

석공은 채찍을 들어 스바딜파리의 엉덩이를 마구 때렸다. 어젯밤 스바딜파리가 끌고 오던 돌을 내동댕이치고 도망치는 바람에 결국 문을 만들지 못했던 것이다. 모든 것이 물거품이 되고 말았다. 석공은 힘이 쏙 빠졌다. 그런데 뭔가 이상하다는 생각이 들었다.

'왜 나무 뒤에서 갑자기 암말이 뛰어나왔을까? 왜 하필이면 어젯밤에, 그 시간에 암말이 뛰어나왔을까? 마치 우리를 기다리고 있었던 것처럼……'

석공은 한참 동안 생각하고 또 생각했다. 그러자 모든 것이 환하게 보였다.

'그래, 로키 짓이야. 틀림없어! 스바딜파리를 꾀어 일을 망치게 하려고 일부러 암말을 보낸 거야. 신들이 나를 속인 거라고!'

화가 난 석공은 견딜 수가 없었다.

'모진 추위를 견뎌 내고, 손에 피나도록 일한 결과가 고작 이것 이라니!'

자신의 실패를 즐거워할 신들의 모습을 생각하자 미칠 것만 같 았다.

"다 죽여 버리겠어! 신이고 뭐고 그냥 두지 않겠어!"

석공은 성벽을 주먹으로 내리치며 마구 소리를 지르기 시작했 다. 길길이 화를 내는 동안 석공은 조금씩 변해 갔다. 몸은 옆으로 자 꾸 불어났고, 키는 하늘 높은 줄 모르고 솟아올랐다.

"으악! 저게 누구야?"

"누구긴, 석공이지. 석공이 바로 바위 거인이었어!"

"어쩐지 바위를 번쩍번쩍 들 때부터 이상하다 했어."

신들의 꼼수에 넘어간 바위 거인

에시르 신들은 그제야 석공이 그동안 자신들을 속여 왔다는 것을 알게 되었다.

"바위 거인 주제에 우리를 감쪽같이 속이다니……. 절대로 용서할 수 없어!"

석공이 복수하겠다며 에시르 신들을 벼른다는 이야기를 듣자, 오딘은 더 이상 참을 수가 없었다. 오딘은 아스가르드에서 가장 발이 빠른 에시르 신을 불러 말했다.

"놈이 우리를 속였으니, 놈과 한 약속은 모두 무효다! 놈을 없애야겠다! 어서 가서 토르를 데려오너라!"

토르가 돌아온다는 소식을 들은 바위 거인은 오딘에게 찾아와 한바탕 난리를 쳤다.

"지난 육 개월간, 난 정말 쉬지 않고 일했어. 불평 한마디 하지 않고, 약속을 지키기 위해 애썼어. 그런데 너희들은 처음부터 나를 속였어. 프레이야를 줄 생각이 없으면서도 나를 꼬드겨 성벽을 쌓게 하더니, 암말까지 데려와 공사를 방해했어. 그것도 모자라 이제는 내 목숨까지 앗아 가려고 하다니! 그러고도 너희들이 신이야! 너희는 신이 아니라 사기꾼이야! 사악한 네놈들을 그냥 두지 않……."

석공의 말이 채 끝나기도 전에 문이 열리더니 토르가 나타났다. 오딘의 명령을 받자마자 전차를 타고 달려온 토르는, 난쟁이들이 준 거대한 망치로 석공의 머리를 사정없이 내리쳤다.

"아무도 원망하지 마! 바위 거인 주제에 감히 신과 거래를 하려 하다니, 너 같은 놈은 백번 죽어 마땅해!"

"으윽!"

석공의 머리는 순식간에 산산조각이 났다. 머리를 잃어버린 바위 거인은 그 자리에 푹 쓰러졌다. 잠시 뒤, 바위 거인은 흔적도 없이 사라져 버렸다. 몇몇 에시르 신들은 바위 거인이 북쪽에 있는 니플헤임으로 곤두박질치는 것을 보았다고도 했다.

석공의 일을 방해한 뒤 아스가르드를 떠났던 로키는, 몇 달 뒤 다리가 여덟 개 달린 회색 망아지를 데리고 다시 아스가르드로 돌아왔다. 로키는 오딘부터 찾아갔다.

"그동안 잘 지내셨습니까?"

"왜 말도 없이 훌쩍 떠났느냐?"

"제가 이곳에 있는 걸 싫어하는 분들이 많은 것 같기에, 돌아다

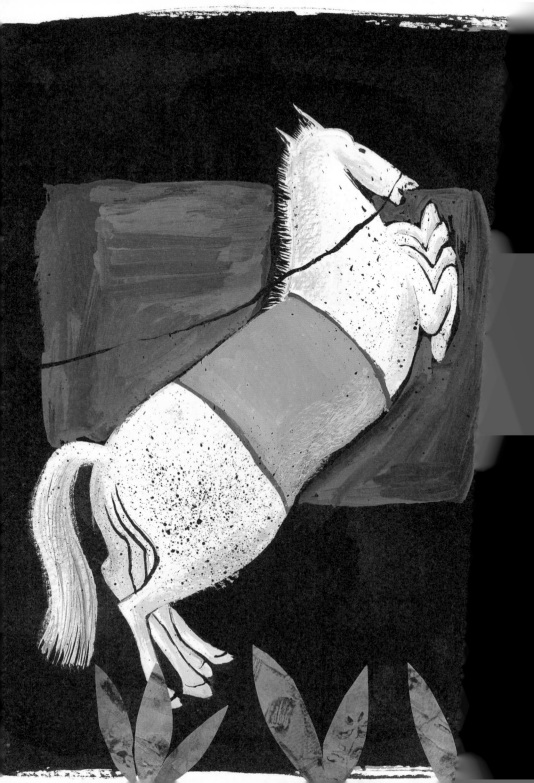

니면서 세상 구경 좀 했습니다."

"지난번에는 고마웠다. 네 덕분에 일이 아주 잘 해결되었어."

오딘은 로키를 따라온 망아지가 마음에 들었다.

"그런데 저 망아지는 웬 거냐?"

"지난번 석공이 데리고 있던 말과 제가 데리고 있던 암말 사이에서 태어난 망아지입니다. 슬레입니르라고 합니다. 오딘 님께 드리려고 데리고 왔는데, 마음에 드십니까?"

"멋지구나!"

"그럼 가지십시오. 조금만 더 크면 이 세상에 있는 그 어떤 말보다도 빨리 달릴 수 있을 겁니다."

"귀한 선물을 받았구나. 고맙다. 그리고 아스가르드에 돌아온 걸 환영한다."

로키가 씩 웃으며 말했다.

"슬레입니르를 타면 어디든 가실 수 있습니다. 슬레입니르는 아무리 험한 바위산도 단번에 뛰어넘습니다. 불꽃이 이글거리는 화산이나, 거친 파도도 거뜬히 뛰어넘습니다. 하늘도 날아다닐 수 있을 뿐만 아니라 저승엘 가고 싶다면, 저승까지 데려다 줄 것입니다. 마음이 답답하시거든 어디든 가십시오."

"굉장하구나!"

오딘은 생각만 해도 즐겁다는 듯 흐뭇한 얼굴로 슬레입니르를
바라보았다.

목숨을 바쳐
지혜를 얻은 오딘

Norse mythology

그 무렵 세상을 떠받치고 있는 것은 위그드라실이라는 물푸레나
무였다. 위그드라실은 세상의 축이었으며, 세상 모든 것을 품어 주는
어머니였다.

위그드라실은 뿌리가 세 개 있었다. 첫 번째 뿌리는 신들이 사는
아스가르드로 뻗어 나갔는데, 뿌리 밑에는 우르드 샘이 있었다. 재판
을 할 일이 생기면 신들은 으레 우르드 샘 앞에서 모이곤 했다. 왜냐
하면 이 샘에는 '운명'과 '존재', '필연'이라는 이름을 가진 세 명의
여신이 살고 있었기 때문이었다.

"저 여자는 어떤 남자와 사랑에 빠질까?"

"저 남자는 언제쯤 자기 아버지와 화해하게 될까?"

"이 남자는 오늘 죽을까? 아니면 하루 더 살까?"

"이 여자는 앞으로 어떻게 살아갈까?"

세 여신은 인간이 언제 태어나고 죽는지, 어떤 사람을 만나 사랑하고, 어떤 일들을 겪는지 모든 인간의 운명을 결정했다. 그래서 우르드 샘은 운명의 샘이라고도 불렀다. 그들은 매일 아침 가지에 흥건히 물을 뿌리고 좋은 거름을 주며 나무를 돌보았다. 사람들과 신들, 짐승들의 안식처가 되어 주느라 지치고 힘든 나무를 달래 주는 것도 그들이 하는 일이었다.

두 번째 뿌리는 죽은 사람들이 사는 니플헤임 깊숙이 뻗어 나갔다. 뿌리 아래에는 흐베르겔미르라는 샘이 있었는데, 샘 안에는 시체들을 뜯어 먹는 니드호그라는 용이 살았다.

니드호그는 먹는 것을 무척 좋아했다. 종일 무언가를 뜯어 먹었다. 시체가 다 떨어졌을 때는 위그드라실의 뿌리까지 갉아 먹었다. 자기만 아는 못된 성격이어서, 위그드라실 뿌리가 다 없어지면 세상의 종말이 온다는 것을 알면서도 시간만 나면 뿌리를 갉아 먹곤 했다.

니드호그는 성질도 고약해서 하루에도 몇 번씩 신들과 인간들에게 저주를 퍼부었다. 그래서 니드호그의 심부름꾼인 다람쥐 라타토스크는 쉴 새 없이 나무를 오르내리며, 가지 끝에 있는 독수리에게 니드호그의 저주를 전했다.

"니드호그 님이 요툰헤임에 사는 뚱뚱하고 머리가 하얀 할머니 서리 거인에게 저주를 전하래!"

그럴 때면 독수리 역시 지지 않고 니드호그에게 큰 소리로 저주를 퍼부었다.

"까악! 그럼 이 독수리 님의 저주도 니드호그에게 전해! 계속 못된 짓을 하면 피부가 너덜너덜해질 거라고."

세 번째 뿌리는 서리 거인들이 사는 요툰헤임까지 깊숙이 파고들어갔다. 뿌리 아래에는 지혜로운 신 미미르가 지키는 샘이 있었다. 사람들은 미미르 샘, 또는 지혜의 샘이라고 불렀다. 샘물을 한 모금만 마시면 이 세상 온갖 일을 다 깨달을 수 있기 때문이었다.

그러나 지혜는 점점 더 큰 지혜를 갖고 싶은 욕심을 부르는 모양이다. 오딘은 자신의 한쪽 눈을 주고 미미르의 지혜를 받아 세상에서 가장 지혜로워졌지만, 만족하지 못했다. 더욱더 근원적인 지혜를 얻

목숨을 바쳐 지혜를 얻은 오딘

으려고 했다. 하지만 죽지 않고서는 그 누구도 영원한 지혜를 얻을 수 없는 법! 그걸 깨달은 오딘은 목숨을 걸었다.

하지만 오딘은 다시 살아났다. 죽었다가 다시 살아나 더욱 총명해진 오딘은 자신의 이야기를 노래로 만들어 후손들에게 들려주기 시작했다.

아득한 옛날 옛적부터 있었다는 물푸레나무, 위그드라실! 그 나무에 대한 이야기를 들어 보렴. 여태껏 그 누구도 알지 못했고, 그 누구도 듣지 못했던 이야기, 목숨을 바쳐 영원한 지혜를 얻은 자만이 할 수 있는 이야기를 들어 보렴.

영원한 지혜를 얻고 싶은 신이 있었다네. 그 신은 영원한 지혜를 얻을 수만 있다면 목숨도 아깝지 않았다네. 그래서 스스로 목숨을 버렸다네. 지혜를 얻기 위해 위그드라실 가지에 거꾸로 매달렸다네. 아흐레 동안 꼼짝 않고 매달려 있었다네.

아흐레 되던 날, 어디선가 살랑살랑 바람이 불어왔다네. 물
푸레나무 가지들이 흔들흔들 춤을 추기 시작했다네. 그러자
가지 곳곳에 숨어 있던 빛나는 지혜들이 신의 몸속으로 들어
왔다네. 그 신은 그제야 머리가 환해져 저절로 룬 문자(비밀이
라는 뜻을 가졌으며, 신비한 힘이 있다고 알려진 북유럽 고대 문자)
를 이해할 수 있게 되었다네. 그 신은 너무나 행복해 어깨를 들
썩이며 춤을 추었다네. 그날 밤, 밝은 달빛이 그 신을 사뿐히
땅 위에 내려놓았다네.

그 일이 있은 이후, 그 신은 점점 더 강해졌다네. 미미르 샘
의 샘물을 마신 뒤 이 세상의 온갖 비밀을 다 꿰뚫어 볼 수 있
게 된 그 신은 위그드라실의 기氣를 받아 영원한 지혜까지 얻
게 되었다네. 신들의 왕, 세상에서 가장 용감하고, 세상에서 가
장 지혜로운 자, 영원히 죽지 않는 자! 그 신의 이름은 바로 오
딘, 오딘이라네!

귀를 활짝 열고 잘 들으렴. 이 세상 그 누구도 들은 적 없는,

이 세상 그 누구도 말한 적 없는 마법! 이 세상에서 오직 한 사람, 오딘만이 아는 신비롭고 아름다운 마법들을 알려 줄 테니.

자자, 첫 번째 마법을 알려 주지. 첫 번째 마법은 나눔이라네. 내가 가진 아픔을 갈라 주고, 남이 가진 웃음을 나눠 받기. 내가 가진 기쁨을 잘라 주고, 남이 가진 슬픔을 나눠 받기. 그렇게 나누다 보면 아픔은 사라지고, 기쁨은 쑥쑥 자라나지.

자자, 두 번째 마법을 알려 주지. 두 번째 마법은 용기라네. 좋아하는 사람에겐 좋아한다고 말하기! 나쁜 사람들과는 언제라도 맞서 싸우기! 힘이 모자란다고 도망치지 않기! 비겁하게 뒤에서 욕하지 말고, 그 사람 앞에서 당당하게 말하기! 이 모든 것이 용기라네.

자자, 세 번째 마법을 알려 주지. 세 번째 마법은 적을 약하게 만드는 기술이라네. 나를 미워하는 적의 마음을 말랑말랑하게 하기! 나를 죽이고 싶어 하는 적의 칼날을 무디게 하기!

목숨을 바쳐 지혜를 얻은 오딘

나를 때리고 싶어 하는 적의 몽둥이를 부드럽게 하기! 적의 공격에서 살아남기 위해 꼭 갖추어야 할 기술이라네.

자자, 네 번째 마법도 알려 주지. 네 번째 마법은 자유라네. 내 손에 수갑을 채워도, 내 몸을 지하 감옥에 가두어도, 자유만 있으면 문제없다네. 눈 깜짝할 사이에 수갑을 열고, 눈 깜짝할 사이에 감옥에서 걸어 나올 수 있다네.

자자, 다섯 번째 마법도 알려 주지. 다섯 번째 마법은 특별한 눈과 특별한 손이라네. 천 리를 내다볼 수 있는 밝은 눈과 이 세상 온갖 것을 움켜쥘 수 있는 날쌘 손이라네. 그 둘만 있으면 우주 끝에서 일어나는 개미들의 싸움도 환히 볼 수 있고, 번개처럼 날아가는 시간도 거뜬히 잡을 수 있다네.

자자, 여섯 번째 마법도 알려 주지. 여섯 번째 마법은 용서라네. 나를 해치려고 했던 나쁜 마음을 싹 잊어버리는 것! 나를 괴롭히던 사람을 꼭 끌어안아 주는 것. 그것이 바로 용서라네.

적을 친구로 만들 수 있는 달콤한 기술이지.

자자, 일곱 번째 마법을 알려 주지. 일곱 번째 마법은 불을 다루는 기술이라네. 온 세상을 태울 듯 세차게 타오르는 불길도 내 손짓 앞에선 꿈쩍 못한다네. 작고 여린 불씨도 내 손짓한 번이면 활활 타오른다네. 내 맘대로 끄고, 내 맘대로 타오르게 하기! 그게 바로 불을 다루는 기술이라네.

자자, 여덟 번째 마법을 알려 주지. 여덟 번째 마법은 증오를 없애는 기술이라네. 아주 작은 것으로부터 시작되나, 사람의 마음을 온통 얼어붙게 하는 것, 사람의 마음을 비리비리 병들게 하는 것, 그것이 바로 증오라네. 내 휘파람 한 번이면 이 세상 모든 증오를 단번에 없앨 수 있다네.

자자, 아홉 번째 마법을 알려 주지. 아홉 번째 마법은 바다를 잠재우는 기술이라네. 친구가 탄 배가 폭풍우를 만났을 때, 거센 파도 한복판에 배가 갇혔을 때 꼭 필요한 기술이지.

자자, 열 번째 마법도 알려 주지. 열 번째 마법은 마녀들을 내 맘대로 부리는 기술이라네. 사람들을 괴롭히는 못된 마법을 빼앗아 버리기! 마녀들을 먼 지하 세계로 보내 버리기! 정말 좋은 기술이지. 마녀들을 꼼짝 못하게 하는 기술이라네.

자자, 열한 번째 마법도 알려 주지. 열한 번째 마법은 평화라네. 눈만 뜨면 싸우는 친구들이나, 백 년 동안 쉬지 않고 싸우는 병사들에게 진짜 필요한 마법이지. 나쁜 욕을 하던 입에서는 칭찬의 소리가, 적을 죽이는 칼과 창에서는 장미꽃이 튀어나오는 정말 정말 좋은 마법이라네.

자자, 열두 번째 마법도 알려 주지. 열두 번째 마법은 사람을 되살리는 기술이라네. 바위에서 떨어져 죽은 사람도, 창에 찔려 죽은 사람도, 물에 빠져 죽은 사람도 내 콧김 한 방이면 벌떡 살아난다네. 팔팔 뛰어논다네.

자자, 열세 번째 마법도 알려 주지. 힘을 북돋아 주는 기술이라네. 비틀비틀 힘이 없는 노인이나, 아장아장 걸음이 서툰 아이들도 꼿꼿하게 걷게 하는 기술이지. 비실비실 잠만 자는 아이들을 펄펄 뛰게 하는 기술이라네.

자자, 열네 번째 마법을 알려 주지. 열네 번째 마법은 지혜라네. 이것만 알면 천재가 될 수 있다네! 이것만 있으면 누구나 스승이 될 수 있다네! 이 세상 온갖 일을 혼자서 척척척 해내는 기술, 그것이 바로 지혜라네.

자자, 열다섯 번째 마법도 알려 주지. 열다섯 번째 마법은 우정이라네. 잘 곳이 없는 친구에겐 잠자리를 마련해 주기! 용기 없는 친구는 자꾸자꾸 칭찬하기! 친구 없는 친구에겐 친구가 되어 주기! 어렵고 힘든 친구는 발 벗고 도와주기! 내가 가진 모든 것을 아낌없이 나누어 주는 것. 그게 바로 우정이라네.

자자, 열여섯 번째 마법을 알려 주지. 열여섯 번째 마법은 바로 사랑이라네. 나에게 관심이 없는 사람 마음속에 끊임없이 나를 생각나게 하기! 나를 미워하고 싫어하는 사람도 첫눈에 나를 사랑하게 하기! 그게 바로 사랑의 기술이라네.

자자, 열일곱 번째 마법을 알려 주지. 열일곱 번째 마법은 상큼하게 헤어지는 기술이라네. 아무리 헤어지기 싫어도 징징 울지 않기! 박박 이 갈지 않기! 바짓가랑이 잡고 매달리지 않기! 그게 바로 웃으면서 떠나는 방법이라네.

자자, 열여덟 번째 마지막 마법을 알려 주지. 열여덟 번째 마법은 바로 진실이라네. 이제껏 말한 그 어떤 마법보다 강한 마법이라네. 이 세상 모든 나쁜 사람들을 착하게 하고, 이 세상을 천국으로 만드는 것, 그것이 바로 진실의 힘이라네.

오딘이 죽었다가 다시 살아남으로써 얻은 귀하고 귀한 이 열여덟 가지 지혜는 오딘의 노래를 통해 오랫동안 신들과 사람들에게 전해졌다.

인간 세상으로
여행을 떠난 헤임달

Norse mythology

어느 따뜻한 봄날이었다. 아스가르드의 파수꾼인 헤임달은 잠에서 깨자 기지개를 크게 켰다.

"날씨 참 좋다! 에고, 내 신세야! 이렇게 좋은 날, 놀러 가지도 못하고 보초를 서야 한다니……."

이 세상 끝에서 나는 작은 소리도 다 들을 수 있고, 이 세상 끝에서 일어나는 온갖 일을 다 볼 수 있어 수문장이 되긴 했지만, 가끔은 헤임달도 자기 어깨에 걸린 책임을 벗어던지고 실컷 놀고 싶었다.

'그래, 놀러 가고 싶을 때 놀러 가는 거야. 누가 감히 오딘의 아들인 나를 건드리겠어. 내가 잠깐 자리를 비운다고 무슨 일이 생기지는 않을 거야.'

헤임달은 적들이 들어왔을 때 부는 뿔피리 걀을 미미르의 샘가에 갖다 두었다.

'말을 가져갈까? 아냐, 세상 구경을 제대로 하려면 걸어 다녀야
해!'

여행 준비를 마친 헤임달은 결국 자신의 말 굴톱을 마구간에 묶
어 두고, 혼자 무지개다리인 비프로스트를 건너 인간 세상 미드가르
드로 갔다.

"아, 여기가 바로 미드가르드구나. 아스가르드와는 정말 많이
다르네!"

신이 나서 여기저기 구경을 하고 다니다 보니, 어느새 날이 어두
워져 밤이 되었다. 하룻밤 쉬어 갈 곳을 찾으려고, 헤임달은 주위를
두리번거렸다. 하지만 집들은 보이지 않았다. 이곳저곳을 헤매고 다
닌 끝에 겨우 다 쓰러져 가는 허름한 집을 하나 발견하자, 헤임달은
다가가 문을 두드렸다.

"계세요? 계세요?"

안에서는 아무 소리도 들리지 않았다.

'아무도 없나 봐. 어쩌지? 에이, 모르겠다. 들어가서 다리라도

퍼야겠어.'

잠시 망설이던 헤임달은 문을 열고 들어갔다.

집 안은 어두컴컴하고, 어디선가 썩는 냄새까지 났다. 헤임달은 코를 쥐고 조심조심 앞으로 걸어갔다.

'사람이 살지 않은 지 한참 되었나 봐.'

조금 더 가자 부엌이 나왔다. 부엌에는 낡은 식탁과 의자도 있었다. 의자를 보자 헤임달은 얼른 자리에 앉고 싶어졌다. 배에서는 자꾸만 꼬르륵 꼬르륵 소리가 났다.

'맛있는 수프와 딸기잼을 바른 부드러운 빵을 먹었으면⋯⋯.'

음식 생각을 하자, 입에 침이 고였다.

'의자에 앉아서 조금 쉰 다음에 먹을 걸 찾아봐야지.'

의자를 꺼내던 헤임달 눈에 건너편에 앉아 있는 시커먼 물체가 들어왔다.

"앗, 깜짝이야! 누, 누구세요?"

"자네는 누군가? 누군데 내 집에 허락도 없이 들어왔나?"

남자가 일어나 벽에 달린 호롱불 심지를 올렸다. 그러자 안이 좀 환해졌다.

헤임달은 공손히 인사를 올렸다.

"예, 저는 지나가던 나그네입니다. 배도 고프고 다리도 너무 아파서 잠시 쉬었다 가려고 들어왔습니다. 주인이 없는 줄 알고 그만……. 죄송합니다."

"그랬군. 자, 어서 자리에 앉게. 내 이름은 아이고, 여기는 내 마누라, 에다야. 자네 이름은 뭔가?"

"제 이름은 리그입니다."

헤임달은 인간 세상에 오면서 새로 지은 이름을 이야기했다.

"반갑네, 리그."

"리그, 막 식사를 하려던 참인데, 우리와 같이 먹을래요?"

"좋아요. 제가 도울 일은 없을까요?"

헤임달은 싹싹하게 말했다.

인간 세상에 오면서 헤임달은 결심한 게 하나 있었다.

'신이라는 걸 감추자. 인간들이 쓰는 이름을 짓고, 그 이름으로 지내는 거야. 그래야 인간들이 어떻게 사는지, 어떤 생각을 하는지 알 수 있어. 인간들과도 더 많이 친해질 수 있고. 그러려면 공손하고

싹싹해야 해.'

자신이 신이라는 걸 알면 잘 보이려고 지나치게 아부를 하거나, 지레 겁을 먹을 것 같아 헤임달은 인간 세상에 있는 동안에는 철저하게 인간처럼 행동하고 싶었다.

그래서 에다를 도와 접시도 꺼내고, 물도 따라 놓았다.

"이제 다 됐네. 자, 어서 먹어요."

에다가 상냥하게 말했다.

수프가 무척 썼지만 헤임달은 아무렇지도 않다는 듯 푹푹 떠먹었다. 고약한 냄새가 났지만, 헤임달은 내색하지 않고 빵을 우적우적 씹어 먹었다.

"잘 먹었습니다. 맛있는 식사를 주셨으니, 설거지는 제가 하겠습니다."

설거지를 마친 헤임달은 주인 부부에게 재미있는 이야기를 들려주었다. 기분이 좋아진 주인 부부는 헤임달에게 선뜻 가운데 자리를 내주었다.

"손님 덕분에 오늘 아주 즐거웠어요. 이 양털 이불을 덮으세요. 이래 봬도 우리 집에서 가장 좋은 거랍니다."

"날이 추우니 우리들 사이에서 자는 게 좋을 거예요."

헤임달은 그 집에서 사흘 동안 머문 뒤, 여행을 계속하기 위해 길을 떠났다.

헤임달이 떠난 아홉 달 뒤, 에다는 아들을 낳았다. 작은 이불에 쌓인 아들을 보던 아이는 깜짝 놀랐다.

"여보, 왜 그래요? 아기가 이상해요?"

아이는 차마 아들을 아내에게 보여 줄 수가 없었다.

"아, 아니야. 아주 잘생겼어."

'이를 어째? 지금까지 내가 본 아기들 가운데 가장 못생겼어. 에다가 보면 무척 실망할 텐데, 어쩌지?'

하지만 아기를 본 에다는 침착했다.

"여보, 신이 우리에게 아주 특별한 아기를 주셨어요. 봐요, 남들과 많이 다르잖아요. 분명히 이 아기에게는 남들보다 뛰어난 점이 있을 거예요. 전 그렇게 믿어요. 우리 이 아기를 정성껏 잘 길러요."

"그럽시다. 아이 이름은 트랄이라고 합시다."

"좋아요. 검고 윤이 반들반들 나는 머리에 딱 어울리는 이름이

에요."

트랄은 피부가 쭈글쭈글하고, 손가락이 여섯 개였다. 등은 활처
럼 굽었고, 코는 삐뚤어졌으며, 입은 언청이였다. 하지만 트랄은 튼
튼하고 황소처럼 힘이 좋았다. 그래서 사람들은 트랄을 괴물이라고
부르곤 했다. 그러나 부부는 괘념치 않고 정성껏 아들을 키웠다. 트랄
도 부모의 정성을 아는지 무럭무럭 잘 자랐다. 몇 년이 지나자 키가
구 척이나 되었다. 힘이 좋은 트랄은 시간이 있을 때마다 부모를 도왔
다. 숲에 가서 나무도 해 오고, 물도 길어다 주었다.

시간은 흘러 트랄도 어느새 젊은이가 되었다. 어느 날 트랄의 집
에 손님이 찾아왔다. 처음 보는 처녀였다. 키는 작고 몸은 옆으로 딱
바라졌다. 이마도 툭 튀어나오고 다리는 안쪽으로 휜, 아주 볼품없는
처녀였다.

"안녕, 난 티르예요. 어릴 때부터 악착스럽게 운다고 해서 그렇
게 불렀어요."

"나는 트랄이에요. 반가워요."

트랄은 티르가 마음에 들었다.

"티르, 정말 예뻐요."

"트랄, 여지껏 당신처럼 멋진 사람은 본 적이 없어요."

둘은 당장 그날로 결혼식을 올리고 같이 살았다. 트랄과 티르는 아들을 열두 명이나 낳고 행복하게 잘 살았다.

아들 열두 명은 생긴 것도 다르고 성격도 다 달랐다. 첫째 표스니르는 가축들을 좋아해서 아침마다 소와 양을 몰고 나가 풀을 먹였다. 둘째 클루르는 일하는 걸 싫어했다. 일을 할 때면 꼭 요리조리 핑계를 대며 빠져나갔다. 셋째 흐레임은 노래를 좋아해서 아침부터 밤까지 혼자 소리소리 지르며 노래를 불렀다. 넷째 크레기는 아들 중에서 가장 키가 작았지만, 손재주가 좋았다. 그래서 고장 난 농기구나 가구를 잘 고쳤다. 다섯째 케프시르는 형제 중에서 가장 잘생겼다. 그래서인지 여자를 좋아했다. 벌써 결혼을 다섯 번이나 했다. 여섯째 풀니르는 친구들을 좋아해서 집에 있는 날이 없었다. 그러다 보니 매일 술타령이었다. 일곱째 드럼브는 성격이 꼭 여자 같았다. 툭하면 삐치고 툭하면 울었다. 여덟째 디그랄디는 엄청난 느림보였다. 심부름 하나를 시키면 하루가 지나도 돌아올 줄 몰랐다. 아홉째 드로트는 엄청난 먹보

인간 세상으로 여행을 떠난 헤임달

였다. 하루에도 밥을 열다섯 번이나 먹었다. 열째 레걀디는 계산을 잘했다. 그래서 시장에 가서 물건을 살 때면 부부는 늘 레걀디를 데려가곤 했다. 열한 번째 루트는 아버지를 닮아 착했고, 막내 호스비르는 몸이 뼈다귀처럼 말랐다. 그래서인지 늘 비실비실했다.

트랄과 티르는 딸도 일곱 명이나 낳았다. 첫째 드룸바는 엄마를 닮아 땅딸보였는데, 조금 멍청했다. 둘째, 쿰바는 꾸미는 걸 좋아했다. 언니나 동생들 옷을 몰래 입기도 하고, 입술을 귀신처럼 빨갛게 칠하고 돌아다니기도 했다. 셋째 오크빈칼파는 몸이 재빨랐다. 달리기 시합에 나가면 늘 일등을 했다. 그래서 급한 일이 생기면 심부름을 도맡아 하곤 했다. 넷째 아린네퍄는 음식을 잘해서 늘 식사 준비를 했다. 다섯째 에이킨탸스는 머리카락이 빨간색이라 멀리 있어도 눈에 확 띄었다. 여섯째 토트루기퍄는 장난이 심해서 늘 막내를 울렸고, 고집이 센 막내 트로누베이나는 한번 울면 그치질 않아 부모를 자주 속상하게 했다.

열두 명의 아들은 뚝딱뚝딱 집을 짓고, 밭을 일구었다. 땔감을 구하고, 동네를 돌아다니며 음식물 찌꺼기를 얻어다가 소와 염소, 돼지도 실하게 길렀다. 씨를 뿌리고 땀 흘려 땅을 기름지게 가꾸었다. 부지런히 몸을 움직여 일했다. 일곱 명의 딸은 집 안을 깨끗하게 청소하고, 텃밭을 잘 가꿨다. 거기에서 거둬들인 채소로 매일 맛있는 음식을 만들었다.

아이와 에다의 후손인 열두 명의 아들과 일곱 명의 딸이 바로 최초의 농노들이다. 농노란 농사를 짓거나 목축 일을 하면서 주인에게 묶여 살던 농민을 말한다.

그러는 동안 헤임달은 계속 이곳저곳을 구경하고 다녔다. 드넓은 벌판을 지나던 헤임달은 저녁이 되자 하룻밤 신세를 지기 위해, 낡은 집을 찾아갔다. 밖에서 계속 불러도 대답이 없자, 헤임달은 안으로 들어갔다. 집 안은 깔끔하게 치워져 있었다. 조그마한 모닥불 옆에 젊은 부부가 앉아 있었다.

"누구세요?"

"리그라고 합니다. 잠자리를 얻으려고 왔습니다."

인간 세상으로 여행을 떠난 헤임달

"아, 네. 어서 오세요, 리그."

젊은 부부는 리그를 반갑게 맞아 주었다. 남자 이름은 아피, 여자 이름은 암마였다. 아피는 키가 크고 얼굴이 길쭉했다. 말가죽으로 된 바지와 조끼를 입은 모습이 아주 멋졌다. 아피가 대패로 나무 깎는 것을 본 헤임달이 물었다.

"무얼 하시는 거죠?"

"상을 만들고 있어요. 아이들이 태어나면 상이 필요할 것 같아서요."

암마는 가늘고 기다란 대나무 바늘에 실을 꿰어 이리 집어 넣고, 저리 집어 넣곤 했다. 몇 번 지나가자 조금씩 무늬가 나타났다. 그 모습이 하도 신기해 헤임달이 물었다.

"뭘 하시는 건가요?"

"뜨개질을 하는 중이에요. 양말을 짜고 있답니다. 아이들이 태어나면 주려고요."

"저, 부인. 제가 좀 해 봐도 될까요?"

"그럼요."

암마에게서 바늘을 건네받아, 암마가 가르쳐 준 대로 했지만 잘

되지 않았다.

"어렵네요."

"처음엔 다 그래요. 조금 지나면 곧 익숙해질 거예요. 배고플 테니, 우리랑 식사부터 할까요?"

암마는 밀로 만든 빵과 우유를 가지고 왔다. 구운 돼지고기와 모닥불에서 끓고 있는 옥수수 수프도 가지고 왔다. 고기는 질기고, 수프는 짰지만 헤임달은 열심히 먹었다.

"정말 맛있네요!"

"고마워요. 많이 드세요. 가진 건 별로 없지만, 먹고살 정도는 된답니다. 우리는 일하고 싶은 만큼 일하고, 쉬고 싶을 때 쉴 수 있어 행복하답니다."

기분이 좋아진 아피와 암마는 이부자리를 펴더니, 헤임달에게 가운데 자리를 양보했다.

"바람을 피할 수 있는 가장 좋은 자리예요. 손님이니까 여기서 푹 주무세요."

"이렇게 같이 누워 있으니까 꼭 가족 같네요."

"가족요? 헤헤헤."

사흘 동안 그 집에 머물면서 뜨개질과 양젖 짜는 것을 배운 헤임달은 다시 길을 떠났다.

헤임달이 떠난 지 아홉 달이 되자, 암마도 아들을 낳았다. 아기는 눈빛이 초롱초롱하고 볼이 발그레해 아주 귀여웠다. 부부는 아이에게 카를이라는 이름을 지어 주었다.

카를은 무럭무럭 잘 자라 멋진 청년이 되었다. 머리가 좋아 뭐든 한 번 배우면 잊어버리지 않았으며, 손재주도 좋아 뭐든 한 번 보면 그대로 따라 만들었다. 카를은 나무를 잘라 기둥을 세우고 집과 창고 짓는 법을 배웠다. 농기구나 가축을 이용해서 농사를 짓는 법도 알아냈다.

어느 날, 소에게 먹일 풀을 구하러 나갔다가 물을 길어 가던 이웃마을 처녀를 본 카를은, 그날로 처녀의 집에 찾아가 넙죽 절부터 올렸다.

"따님과 결혼하고 싶습니다. 허락해 주세요."

늠름하고 당당한 카를의 모습이 마음에 든 처녀의 부모는 처녀와 카를을 결혼시키기로 결정했다. 며칠 뒤 처녀의 부모는 염소 열다섯 마리를 딸과 함께 카를의 집으로 보냈다.

"스뇌르, 잘 왔어요. 이제 당신은 나의 신부예요. 사랑해요."

"카를, 당신은 이제부터 하늘 같은 나의 남편이에요. 사랑해요."

카를과 스뇌르는 결혼식을 올리고 행복하게 살았다. 카를은 신이 나서 말을 더욱 정성껏 키웠고, 스뇌르는 자신이 집에서 가지고 온 색색의 실로 하나뿐인 이불을 만들었다.

카를과 스뇌르 부부도 열두 명의 아들을 낳았다. 첫째 아들 할은 믿음직하고 씩씩했으며, 둘째 아들 드렝은 소를 잘 돌봤다. 둘째 아들이 키우는 소는 아프지도 않고 일도 잘했다. 셋째 아들 홀드는 염소나 양, 닭을 잘 키웠다. 아버지 카를을 닮은 넷째 아들 테그는 농기구를 잘 만들었다. 땅을 깊이 팔 수 있는 삽도 만들고, 밭을 가는 데 쓰는 쟁기도 만들었다. 멋 부리는 것을 좋아하는 다섯째 아들 스미트는 늘 말기름을 머리에 바르고 다녔다. 여섯째 아들 브레이드는 과일나무를 잘 가꾸었다. 브레이드가 가꾼 과일은 크고 실했으며 맛도 좋았다. 일곱째 아들 본디와 여덟째 아들 분딘스케기는 쌍둥이였지만, 성

격은 정반대였다. 본디는 급하고, 분딘스케기는 느렸다. 늘 티격태격
하면서도 꼭 같이 붙어 다녔다. 깍듯하고 예의 바른 아홉째 아들 부이
는 커서 국왕의 부하가 되었고, 열 번째 아들 보디는 농사짓는 데 가
장 필요한 거름을 잘 만들었다. 보디가 만든 거름을 뿌리면, 수확이
두 배나 되었다. 늘 부지런히 일하는 열한 번째 아들 브라트스케그는
말을 오백 마리나 기르는 부자가 되었으며, 막내 세그는 크고 튼튼한
집을 짓는 기술자가 되었다.

카를과 스뇌르 부부에게는 딸도 열 명이나 있었다. 힘이 좋은 첫
째 딸 스노트는 이웃 마을에 사는 농장주의 부인이 되었으며, 착하고
부지런한 둘째 딸 브루드는 언제나 집 안을 쓸고 닦았다. 샘이 많은
셋째 딸 스반니와 말을 함부로 하는 넷째 딸 스바리는 사이가 좋지 않
아서 늘 싸웠다. 다섯째 딸 수프라키는 바느질을 잘했으며, 여섯째
딸 플료드는 노래를 잘했다. 일곱째 딸 스푸룬드는 춤추는 것을 좋아
했으며, 여덟째 딸 비프는 음식을 아주 잘했다. 아홉째 딸 페이미는
애교가 많아 카를과 스뇌르 부부를 행복하게 해 주었다. 막내딸 리스
틸은 자존심이 강해서, 무엇이든 혼자 하려고 했다.

카를과 스뇌르의 후손인 열두 명의 아들과 열 명의 딸이 바로 최초의 자유농민들이다. 자유농민이란 자유롭게 자기 땅에서 농사를 지으며, 자기가 일해서 얻은 이익을 자기가 갖는 사람들을 말한다.

인간 세상에
신분이 생긴 이유

Norse mythology

카를 부부와 헤어진 헤임달은 여행을 계속했다. 도시에 도착한 헤임달은 가장 큰 집을 찾아갔다. 그 집은 듣던 대로 화려하고 웅장했다. 지붕에는 보석 장식이 달리고, 대문에는 호랑이 무늬가 새겨져 있었다.

'아스가르드의 파수꾼이자 최고의 신 오딘의 아들인 내가 이 정도에 겁먹을 필요는 없어.'

잠시 머뭇거리던 헤임달은 문을 쾅쾅 두드렸다. 그러나 아무 기척도 없자, 헤임달은 살며시 문을 열고 들어갔다. 대문을 열자 갖가지 꽃과 나무가 심어져 있는 마당이 나왔다. 마당을 지나가자 푸른색 유리로 된 현관문이 나왔고, 현관문을 지나가자 호화로운 거실이 나왔다.

"저기, 저⋯⋯."

방에 있는 젊은 부부는 무엇을 하는지 헤임달이 온 것도 모르고 있었다. 헤임달은 조금 열린 문틈으로 안을 들여다보았다. 남자는 창과 칼을 날카롭게 다듬고 있었는데, 눈매가 사나웠다. 하얀 드레스를 입은 여자는 우아하게 앉아서 피리를 불고 있었다. 이따금 고개를 들어 남편을 바라보며 수줍게 웃곤 했는데, 그 모습이 무척이나 아름다웠다.

'인간 세상에도 저렇게 아름다운 여인이 있었다니!'

헤임달은 용기를 내어 문을 두드리며 말했다.

"잠시 들어가도 될까요?"

"어머, 누구세요?"

여자가 깜짝 놀라며 물었다.

"전 리그라고 합니다. 며칠 신세 좀 질 수 있을까 해서 이렇게 불쑥 찾아왔습니다."

"물론이죠."

남자가 시원시원한 목소리로 말했다.

"난 파티르예요. 여긴 내 아내 모티르."

헤임달은 낯선 집에 가면 어떻게 해야 좋은 대접을 받는지 잘 알았다. 헤임달은 웃으면서 자기가 알고 있는 재미있는 이야기들을 부부에게 꺼내 놓았다. 한참 듣고 있던 모티르가 자리에서 일어나며 말했다.

"어머, 이야기를 듣느라 시간 가는 줄 몰랐어요. 식사 준비를 해야겠어요."

"부인, 저도 돕겠습니다."

헤임달은 모티르를 따라 부엌으로 갔다.

모티르는 화려한 꽃무늬가 있는 식탁보를 깔고, 고급스러운 유리잔과 금색 접시를 꺼내 왔다. 부지런히 왔다 갔다 하며 음식 준비도 했다. 조금 있자 크림이 든 부드러운 빵과 각종 과일이 들어간 샐러드, 먹음직스럽게 양념 된 닭고기와 향기로운 술까지……. 푸짐한 상이 차려졌다.

"손님 입에 맞으실지 모르겠어요."

헤임달이 닭고기를 집어 들었다. 닭고기는 입안에서 살살 녹았다.

"맛있어요. 최고예요!"

인간 세상에 신분이 생긴 이유

식사가 끝난 뒤에도 세 사람은 늦게까지 도란도란 이야기를 나누었다.

"어머, 벌써 잘 시간이 되었네요. 우리 집에서는 손님이 오면 침대 가운데 자리를 내어 드린답니다. 괜찮으시죠?"

"아, 네. 고맙습니다."

헤임달은 파티르와 모티르 부부 집에서 사흘 동안 머문 뒤, 다시 길을 떠났다.

헤임달이 떠나고 아홉 달 뒤, 모티르는 아들을 낳았다. 아기를 물끄러미 바라보던 파티르가 말했다.

"여보, 이 머리 좀 봐. 태양을 닮은 멋진 금색이야. 얼굴도 아주 잘생겼어."

"정말이네요. 당신을 똑 닮았네요. 이름을 뭐라고 짓죠?"

"우리 아이에게 어울리는 이름이 딱 하나 있어."

"뭔데요?"

"얄!"

"얄이라고요? 귀여운 내 아기에게 잘 어울리는 이름이네요."

파티르 부부는 얄을 정성껏 키웠다. 얄은 피부가 약간 까무잡잡한 데다가 눈이 똘똘하고 코와 입도 잘생겨서 차돌처럼 야무지고 단단해 보였다. 어려서부터 무술을 좋아해서 아버지에게 창 쓰는 법, 칼 쓰는 법, 활 쏘는 법을 배웠는데, 얼마 되지 않아 아버지 실력을 뛰어넘었다. 말도 잘 탔고, 사나운 파도가 몰아치는 바다에서도 헤엄을 잘 쳤다.

긴 여행을 마치고 아스가르드로 돌아가던 헤임달은 전에 지나쳤던 도시를 다시 지나게 되었다. 파티르 부부의 집이 가까워지자 헤임달은 가슴이 뛰었다. 들어가지 못하고 대문 앞에서 한참 서성이던 헤임달은, 대문을 열고 나오는 젊은 청년과 딱 마주쳤다.

"안녕!"

"네? 누구세요?"

"전에 네 집에서 잠시 머물렀던 나그네란다."

"혹시 이야기를 재미있게 잘하셨다는…… 그분인가요?"

"내 얘기를 들은 적이 있니?"

"가끔요. 저랑 같이 들어가세요. 어머니와 아버지도 반가워하실 거예요."

얄이 살갑게 굴자, 헤임달은 보따리에서 여러 기호가 그려진 푸른 천 한 조각을 꺼냈다.

"이게 뭔가요?"

"너에게 주려고 가져온 선물이란다."

"이 이상한 기호들은 뭐죠? 처음 보는 것들이에요."

"룬 문자란다. 신들의 왕인 오딘이 위그드라실에 죽은 듯이 매달려 있을 때 깨닫게 된 문자지."

얄은 뚫어지게 룬 문자를 바라다보았다.

"그런데 이걸로 뭘 하죠?"

"마법을 부른단다."

"에이, 거짓말!"

얄이 믿지 못하자, 헤임달은 이야기를 시작했다.

"얄, 지금부터 내 얘기를 잘 들으렴. 죽은 사람을 되살리는 마법, 활활 타오르는 불을 손가락 하나로 잠재우는 마법이 있다는 걸 아니?"

"정말 그런 게 있어요?"

"그럼!"

"알려 주세요. 빨랑요. 궁금해 죽겠어요, 아저씨!"

헤임달은 밤늦게까지 오딘의 열여덟 가지 지혜를 말해 주었다. 마법처럼 보이는 그 지혜들은 오직 룬 문자로만 말할 수 있으며, 룬 문자를 아는 사람만이 그 말들의 의미를 이해할 수 있다는 것도 알려 주었다.

이야기를 듣는 내내 발갛게 달떠 있던 얄의 얼굴은, 이야기가 끝나자 더욱 새빨개졌다.

"기분이 이상해요. 마치 이 세상 모든 것을 다 가진 것 같아요."

헤임달은 얄을 꼭 끌어안았다.

"나도 처음 그 이야기를 들었을 때 그런 느낌이 들었단다. 아들아……."

얄이 놀라서 헤임달을 밀어내며 소리쳤다.

"네? 아저씨, 지금 뭐라고 하셨어요?"

"얄, 내가 바로 네 아버지란다."

얄은 말도 안 된다는 듯 고래고래 소리를 질렀다.

"장난치지 마세요! 어떻게 아저씨가 내 아버지일 수가 있어요?"

헤임달은 오래전 파티르의 집을 방문했을 때 있었던 일을 차근 차근 들려주었다.

"나는 너희 부모님이 알고 있는 것처럼 인간 리그가 아니란다. 아스가르드의 파수꾼, 오딘의 아들 헤임달이란다. 얄, 신의 아들인 너는 이제 인간 세상의 왕이 될 것이다. 군사들을 일으켜 정복 전쟁을 떠나거라. 주위에 있는 모든 나라들을 굴복시켜 네 나라로 만들고, 주위에 있는 모든 사람을 네 신하로 만들거라. 얄, 내 아들! 무서워하지 말거라! 두려워하지 말거라! 내가 네 뒤에 있느니라. 사랑한다."

얄에게 자신의 운명을 알려 준 헤임달은 연기가 되어 사라졌다. 얄은 눈이 뚫어지라 아버지가 없어진 자리를 바라보고 서 있었다.

헤임달을 만나고 나자, 얄은 자기 길을 가고 싶었다.

"그래, 이제 나도 다 컸어. 내 길은 내가 개척할 거야!"

얄은 그동안 자신을 사랑으로 키워 준 아버지에게 인사를 하고 길을 떠났다. 어머니는 차마 얄이 떠나는 것을 볼 수 없다며 문을 닫 아걸고 나오지 않았다.

얄은 도시를 떠나 날카로운 바위들이 벼랑을 이룬 깊은 산속에

터를 잡았다. 얄은 직접 나무를 베어 조그만 오두막집을 지었다. 얄은 자기와 생각이 비슷한 사람들이 얼추 모이자 일단 산에 들어와 있는 도적들 소굴부터 공격했다.

"난 아주 강하고 큰 나라를 만들 것이다! 그러기 위해 전쟁도 마다하지 않을 것이다! 도적으로 살겠느냐, 아니면 나의 부하가 되어 큰 꿈을 이루겠느냐?"

얄의 늠름한 기상에 놀란 도적들은 싸우기도 전에 항복했다. 항복하지 않는 도적들은 과감하게 목을 쳤다. 도적들은 이제 얄이라는 이름만 들어도 벌벌 떨었다. 얄의 군대는 점점 강해졌고, 부하들도 늘어났다. 부하들이 늘어나자, 얄은 이웃 나라를 공격해서 그들의 땅과 군사들을 빼앗았다. '무서움을 모르는 전사' 얄의 소문은 이웃 나라에까지 널리 퍼졌다. 얄의 오두막집은 어느새 스물두 채로 늘어났으며, 열다섯 개의 창고에는 적들에게서 뺏은 보석과 금이 가득했다.

산으로 들어온 지 삼 년이 지난 어느 날, 얄은 산 밑의 동네에 사는 헤르시르 족장의 집으로 부하를 보냈다. 부하는 얄이 알려준 대로 족장에게 엎드려 절부터 했다.

"대장님께서 족장님의 따님과 결혼을 하시고 싶다고 하셨습니다. 이건 결혼에 쓰일 혼수입니다."

말 열 마리가 보석 상자를 바리바리 싣고 대문을 들어서자, 족장은 입이 쩍 벌어졌다. 하지만 고이 기른 외동딸을 산속으로 시집보낼 생각을 하니 마음이 아파, 선뜻 대답을 못하고 망설였다. 그것을 본 에르나가 나섰다.

"아버지, 얄과 결혼하겠어요! 제 일은 제가 알아서 할 테니, 아버지는 아무 걱정 마세요."

어려서부터 고집이 세서 자기 하고 싶은 대로만 하고 살았던 에르나가 딱 부러지게 말하자, 헤르시르는 아무 말도 할 수가 없었다.

"알았다! 행복하게 잘 살거라."

서둘러 결혼 준비를 마치고 산으로 들어온 에르나는 얄과 성대한 결혼식을 올렸다. 둘은 서로 믿고 의지하며 행복하게 잘 살았다.

얄과 에르나는 부르, 바안, 요드, 아탈, 아르비, 모그, 니드, 니듕, 스베인, 쿤드, 막내 콘까지 모두 열한 명의 아들을 낳았다. 열한 명의 아들은 아버지 얄을 닮아 무예에 능했으며 용감했다. 어려서부터 활과 칼을 가지고 놀았으며, 아장아장 걷기 시작할 무렵부터 사냥을 했다.

얄은 열한 명의 아들 가운데 오직 한 사람, 막내 콘에게만 룬 문자를 가르쳐 주었다. 얄이 그랬듯이 콘도 금방 그것을 깊이 이해했으며, 오래지 않아 열여덟 가지 마법의 지혜를 모두 깨우치게 되었다.

"아들아, 아무에게도 이 비밀을 전하지 말거라. 형들에게도 알려 주어서는 안 된다."

"네, 아버지!"

할아버지가 신 헤임달이라는 것을 안 다음부터 콘은 자나 깨나 아스가르드 생각만 했다. 전쟁도 싫어졌고, 산속 생활도 지겨워졌다. 그래서 날마다 혼자 말을 타고 숲으로 사냥을 나갔다.

그러던 어느 날이었다. 화살이 자꾸 빗나가 짜증을 내고 있는데, 난데없이 까마귀 한 마리가 콘의 머리 위를 날며 시끄럽게 울었다.

"까악, 깍!"

"에이, 저놈의 새가!"

콘이 화살을 겨누려고 하자, 까마귀가 놀리듯이 말했다.

"얄의 아들 중에서 가장 용감하다기에 그런 줄 알았더니, 이제 보니 순 겁쟁이군요. 전쟁터에선 부하들이 피 흘리며 죽어 가고 있는

데, 지금 당신은 여기서 혼자 뭘 하고 있죠?"

"뭐라고? 그 입 닥치지 못해! 네가 뭘 안다고 떠드는 거야!"

"콘, 당신이 지금 해야 할 일은 자기가 있던 자리로 돌아가 가장 강한 나라를 만드는 거예요. 당신의 용기와 할아버지로부터 전해 받은 룬 문자만 있으면 적의 어떤 강력한 공격도 무디게 할 수 있는데, 왜 부하들이 죽도록 내버려 두나요? 당신이 있을 곳은 아스가르드가 아니라 바로 여기 미드가르드예요!"

까마귀는 콘의 머리 위를 빙그르르 한 번 더 돈 뒤, 하늘 높이 날아갔다. 그제야 콘은 방황을 멈추고 성채로 돌아갔다.

파티르와 모티르의 후손이며 얄과 에르나의 아들들인 콘과 그의 형제들이 바로 최초의 왕족과 귀족들이다. 인간 세상에 내려온 헤임달은 얄을 통해 그들에게 지혜를 나누어 주었으며, 인간들을 왕족과 귀족, 농민, 농노의 세 신분으로 나누어 놓았다.

크바시르의 피로 만든
지혜의 술

Norse mythology

전쟁이 끝났을 때, 에시르 신족과 바니르 신족은 뭔가 화해의 증거가 필요하다는 생각을 했다.

"우리가 화해했다는 것을 기념할 것이 필요해요."

"그래요, 그래야 그걸 볼 때마다 전쟁을 하고 싶은 생각이 없어질 거예요."

에시르 신족과 바니르 신족의 모든 신들은 큰 항아리에 침을 한 번씩 뱉었다. 침이 항아리에 흥건히 고이자, 에시르 신족은 그 침으로 사람을 만들었다. 그 사람이 바로 크바시르이다.

온갖 신들의 침으로 만들어서인지 크바시르는 세상의 모든 비밀을 훤히 꿰뚫고 있었다. 하지만 그는 절대로 자기 지식을 자랑하지 않

았다. 그래서 사람들은 크바시르를 더욱더 존경했다. 신들과 사람들, 거인과 난쟁이들까지 뭔가 어려운 일이 생기면 크바시르를 찾아와 묻곤 했다. 크바시르가 여행을 할라치면, 사람들과 신들은 떼를 지어 그 뒤를 따라다녔다.

"어떻게 하면 좋을까요?"

사람들이 도움을 청할 때면 크바시르는 바로 대답하지 않았다. 눈을 끔벅거리면서 뭔가를 생각하다가, 천천히 질문을 던졌다. 어떻게 해서 그런 어려움을 겪게 되었는지, 혹시 잘못 생각하고 행동한 일은 없는지, 지금은 어떤 마음인지……. 크바시르의 온화한 미소와 마주한 사람들은 자기 마음속에 들어 있는 아픔과 무서움을 스스럼없이 이야기하곤 했다. 대답하는 동안, 자신이 무엇을 잘못했으며, 앞으로 어떻게 해야 하는지 깨닫고는 기분 좋게 돌아가곤 했다.

"훌륭한 스승은 답을 알려 주지 않아, 제자가 답을 찾아가도록 도와주지."

크바시르를 만나고 온 사람들은 한결같이 이렇게 말하곤 했다. 신이건, 인간이건, 난쟁이건, 백만장자이건, 거지이건……. 그를 만난 사람들은 모두들 자신이 똑똑해졌다고 믿었다.

크바시르가 나타나기 전만 해도 사람들은 난쟁이 형제인 퍄라르와 갈라르를 찾아와서 도움을 청하고는 했다. 지혜라면 누구에게도 뒤지지 않는다는 자신감에 가득 차 있던 난쟁이 형제는, 사람들이 찾아오지 않자 모든 것을 크바시르 탓으로 돌렸다. 크바시르의 인기가 점점 높아 가자, 크바시르를 죽이고 싶었다.

"그놈이 나타난 뒤로 모든 것이 엉망이 됐어!"

"맞아, 사람들이 미쳤나 봐. 모두들 크바시르, 크바시르 타령이라니까."

"화가 나서 미치겠어! 그놈을 확 없애 버리고 싶어."

퍄라르가 칼로 목을 베는 시늉을 하자, 갈라르는 기뻐하며 얼른 손뼉을 쳤다.

"좋은 생각이야! 오늘 당장 해치우자. 크바시르를 없애고 그의 지혜를 우리 둘이 나누어 갖는 거야."

난쟁이 형제는 크바시르에게 초대장을 보냈다.

크바시르의 피로 만든 지혜의 술

크바시르 님!

긴 여행에 얼마나 힘드십니까? 아무리 사람들이 잘해 줘도, 집을 떠나면 고생이죠. 음식도 낯설고, 잠자리도 편하지 않을 거예요.

존경하는 크바시르 님! 크바시르 님을 위해 우리가 무엇을 하면 좋을까, 어떻게 해야 크바시르 님을 행복하게 해 드릴 수 있을까, 저희 난쟁이 형제는 몇 날 며칠 밤을 새우며 고민 고민했답니다. 그러다가 좋은 생각이 떠올랐답니다.

크바시르 님을 우리가 살고 있는 동굴로 초대하기로 마음먹은 것입니다. 크바시르 님이 가장 좋아하는 음식과 술이 준비되어 있습니다. 따끈따끈한 목욕도 할 수 있으며, 크바시르 님의 시중을 들어줄 아름다운 여인들도 준비해 두었습니다.

부디 우리의 초대를 거절하지 마시기 바랍니다!

― 존경하는 크바시르 님을 만날 날을 기다리면서,
난쟁이 형제 퍄라르와 갈라르 올림

남을 의심할 줄 모르는 크바시르는 초청장에 적힌 말을 그대로 믿었다. 그래서 난쟁이 형제들이 살고 있는 동굴을 찾아갔다.

"와, 우리의 소원을 들어주셨군요."

"만나 뵙게 되어 영광입니다!"

난쟁이 형제는 크바시르를 동굴 깊숙한 곳으로 데리고 갔다. 난쟁이 형제는 울퉁불퉁한 돌 식탁 옆에 크바시르를 앉혔다. 식탁에는 눈을 씻고 봐도 맛난 음식 따위는 없었다. 딱딱하게 굳은 빵 한 조각이 전부였다. 크바시르는 내키지 않았지만 아무런 불평 없이 의자에 앉았다. 조금 있자 똑똑, 동굴 천장에서 물이 떨어져 내렸다. 크바시르의 머리가 조금씩 젖어들어 갔다.

'기껏 초대해 놓고 대접을 겨우 이렇게 하다니!'

크바시르는 기분이 상했지만 꾹 참았다. 난쟁이 형제는 약이라도 올리려는 듯 이상한 질문만 골라서 했다.

"크바시르 님, 죽이고 싶도록 미운 사람이 있을 때는 어떻게 해야 합니까?"

"크바시르 님, 똑똑하다고 사람들을 홀리고 다니면서 사기를 치는 사람이 있는데, 그럴 땐 어떻게 해야 합니까?"

그러다가도 크바시르가 뭔가 말을 하려고 하면 딱 잘라 막았다.

"아, 됐습니다. 식사 먼저 하시지요."

"그 이야기는 조금 있다가 다시 하도록 하지요."

크바시르는 그 모든 것을 꾹 참고 견뎠다.

식사가 끝나자, 난쟁이 형제는 꼭 보여 주고 싶은 것이 있다며, 양쪽에서 크바시르의 팔을 잡았다.

"갈 테니, 팔은 놓으세요."

"동굴 안이 어두워서 넘어지실까 봐 걱정이 되어 그럽니다. 불편하시더라도 그냥 가시지요."

난쟁이 형제는 크바시르를 어두운 방으로 데려갔다. 방에 들어서자마자 형 퍄라르는 크바시르를 발로 마구 찼다. 갈라르는 더러운 이빨을 드러내고 소리를 질렀다.

"크바시르 이놈! 네놈 때문에 형과 내가 그동안 얼마나 많은 고통을 받았는 줄 아느냐? 오늘이 오기만을 목이 빠지게 기다렸다. 이제야 신들이 내 소원을 들어주는구나!"

"나한테 왜 이러는 거요?"

난쟁이 형제는 소매 안에 숨겨 두었던 칼을 꺼내 크바시르의 가슴을 마구 찔렀다.

"어리석은 놈! 현자라는 놈이 우리가 거짓 초청장을 보낸 것도 모른단 말이냐! 너를 죽여야 우리가 산다."

크바시르는 그 자리에서 고꾸라지고 말았다. 상처에서 피가 철철 쏟아졌다. 난쟁이 형제는 서둘러 크바시르의 피를 받아 항아리에 가득 채웠다.

"이제 다 되었어! 크바시르를 찾던 신들과 사람들이 다시 우리에게 돌아올 거야."

"그럼 그럼. 지혜로 따지면야 이 세상에서 우리가 최고지!"

아무리 기다려도 크바시르가 돌아오지 않자, 오딘은 난쟁이 형제에게 부하를 보냈다.

"오딘 님께서 크바시르 님은 잘 계시는지, 언제쯤 아스가르드로 돌아오시는지 알아 오라고 하셨습니다."

난쟁이 형제는 오딘에게 갈 편지 한 장을 써 주었다.

크바시르의 피로 만든 지혜의 술

오딘 님!

안타까운 소식을 전하게 되어 정말 죄송합니다. 크바시르는 이 세상에서 가장 지혜로운 스승이었습니다. 모두들 크바시르를 따르고 존경했습니다. 저희 난쟁이 형제도 그를 한번 만나 보는 것이 평생의 소원이었답니다.

오딘 님!

'넘치면 모자라는 것만 못하다'라는 말이 있습니다. 크바시르는 자신이 갖고 있는 지혜의 무게에 눌려서 죽고 말았습니다. 그렇지 않고서야 어떻게 그렇게 허망하게 죽을 수가 있겠습니까?

며칠 전 우리는 저녁 식사를 마치고 산책하러 나갔습니다. 저희 난쟁이 형제가 잠시 공놀이를 하는 사이에, 크바시르 님은 눈을 감았습니다. 앉아서 명상하는 그 자세 고대로 말입니다.

오딘 님, 이게 거짓말이라면 얼마나 좋을까요? 이게 꿈이라면 얼마나 좋을까요? 정말 안타깝습니다. 오딘 님, 얼마나 슬프십니까? 저희 난쟁이 형제도 너무 속상해 눈물을 멈출 수가 없습니다.

— 퍄라르와 갈라르 올림

오딘의 부하가 가자 난쟁이 형제는 꿀단지를 가져와 항아리에 부었다. 그런 다음 꿀과 크바시르의 피가 잘 섞이도록 천천히 국자로 잘 저었다. 꿀과 크바시르의 피가 섞이면서 술이 되고 있었다.

"이것 봐. 잘 섞이고 있어!"

"쉬지 말고 저어! 얼른."

난쟁이 형제는 서로 번갈아 가며 국자로 술을 저었다. 크바시르의 지혜를 고스란히 이어받을 생각을 하자, 조금도 힘들지 않았다.

"이제 이 술을 마시면 우리도 크바시르처럼 지혜로워지겠지?"

"물론이지. 그러니까 이 술은 아무에게도 나누어 주어서는 안 돼! 우리 둘만 마셔야 한다고."

"물론이지. 형이나 그 누구에게도 이 술에 대해 말하지 마! 탐을 내면 골치 아프니까."

"당연하지."

난쟁이 형제는 이 비밀을 둘만 간직하기로 손가락을 걸었다. 그런 다음 술을 한 잔씩 나누어 마신 뒤, 항아리를 동굴 깊숙한 곳에 감추어 두었다.

지혜의 술을 마시고 나자 난쟁이 형제는 날로 오만하고, 건방져 갔다. 그러던 어느 날, 요툰헤임에 사는 거인 길링과 그의 아내가 난쟁이 형제를 찾아왔다.

차를 마시던 거인 길링이 불쑥 물었다.

"크바시르 님이 여기서 돌아가셨죠?"

"네."

"크바시르 님의 시신은 어떻게 됐나요?"

"저기, 그건……."

갑작스러운 질문에 난쟁이 형제는 땀을 흘리며 당황했다. 잠시 망설이던 퍄라르와 갈라르가 거의 동시에 입을 열었지만, 대답은 달랐다.

"연, 연기처럼 사라졌어요. 왜 위, 위대한 사람들은 그러잖아요."

"오, 오딘 님의 부하가 와서 찾아갔어요."

"거참 이상하네! 왜 서로 대답이 다를까?"

길링이 고개를 갸웃거리며 이상하다는 눈으로 바라보자, 난쟁이 형제는 슬슬 겁이 났다.

잠시 화장실에 간다고 이야기하고 밖으로 나온 난쟁이 형제는 머리를 맞대고 소곤거렸다.

"기분 나빠! 길링 저 녀석이 뭔가 눈치챈 게 아닐까

"설마! 그냥 한번 해 본 소리겠지. 그런데 말투가 어쩐지 좀 기분 나쁘긴 해."

"퍄라르 형, 저놈도 죽여 버릴까

"그래, 그게 좋을 것 같다."

안으로 들어온 난쟁이 형제는 슬슬 길링을 꼬드겼다.

"동굴 안쪽에 아주 신비로운 호수가 있습니다. 눈이 아픈 사람이 바르면 눈이 낫고, 발이 아픈 사람이 바르면 발이 낫고, 머리카락이 없는 사람이 바르면 검은 머리카락이 비쭉비쭉 올라오고……. 호수의 물은 모든 병을 고쳐 줍니다. 아주 특별한 손님만 데려가는 곳인데, 저희들과 같이 가시겠습니까?"

길링이 좋아하며 말했다.

"갑시다! 얼마 전부터 다리가 아팠는데, 잘 됐네요."

"한 번에 한 명씩만 가야 하니, 길링 님 먼저 다녀오시지요."

길링은 아내를 남겨 두고 혼자 난쟁이 형제를 따라갔다. 난쟁이 형제는 길링을 동굴 안으로 계속 데려갔다.

"아직 멀었나요?"

"조금만 더 가면 됩니다."

조금 가자 정말 호수가 나왔다. 그런데 좀 이상했다. 뜨거운 열기가 호수 주변을 가득 채우고 있었던 것이다.

"여기가 아까 말한 그 호수인가요?"

"네, 왜 그러시죠?"

"물이 꽤 뜨거울 것 같아서요."

"그러니까 약이 되는 거겠죠. 자, 여기 바가지가 있으니 물을 뜨세요."

길링이 바가지로 물을 뜨려고 허리를 굽히자, 난쟁이 형제는 온 힘을 다해 길링을 밀었다. 길링은 순식간에 펄펄 끓는 호수에 풍덩 빠지고 말았다. 길링은 살려 달라며 소리를 질렀다.

"뜨거워! 꺼내 줘!"

"으흐흐, 길링 거기가 바로 네 무덤이야!"

"네 지나친 호기심이 죽음을 부른 거야! 크바시르 이야기는 꺼내지 말았어야지."

"잘못했어! 살려 줘, 제발!"

길링이 호수 속으로 점점 가라앉는 것을 보자 신이 난 난쟁이 형제는 큰 소리로 웃었다.

"하하하, 고거 쌤통이다!"

"히히히, 이제야 속이 시원하네!"

난쟁이 형제는 아무 일도 없었다는 듯이 차를 마시던 곳으로 돌아왔다.

"남편은 왜 안 와요? 왜 당신들만 오죠?"

퍄라르와 갈라르만 들어오는 것을 본 길링의 아내가 물었다.

"길링은 호숫물로 온천까지 하고 온답니다."

'집에서도 잘 씻지 않는데, 남의 집에 놀러 와서 온천을 할 리가 없어. 뭔가 이상해!'

미심쩍은 생각이 든 길링의 아내는 난쟁이 형제에게 말했다.

"아무래도 너무 오래 있었던 것 같아요. 남편에게 이제 그만 돌아가자고 말해야겠어요."

난쟁이 형제들은 할 수 없이 길링의 아내를 데리고 동굴 속으로 들어갔다. 호수 가까이 오자 퍄라르와 갈라르는 여자를 번쩍 들어 호수 안으로 던져 버렸다.

"살려 주세요! 살려 주세요!"

"잘 찾아봐! 거기 어딘가에 네가 애타게 찾는 남편이 있을 거야."

며칠이 지나도 길링 부부가 돌아오지 않자, 아들 수퉁이 난쟁이 형제를 찾아왔다. 성질이 고약하기로 유명한 수퉁은 들어서자마자 큰 소리로 말했다.

"부모님을 찾으러 왔다!"

"이를 어쩌나? 자네 부모님은 지금 이곳에 없는데."

퍄라르가 비아냥거리자 수퉁은 화가 났다.

"그럼 어디 있는데?"

"그거야 우리가 알 수 있나. 하늘로 솟았을까, 아님 땅 밑으로 꺼졌을까?"

갈라르도 실실 웃으면서 장난을 쳤다.

"으씨, 죽을래?"

수퉁은 동굴 벽을 주먹으로 쾅쾅 쳤다. 그러자 양쪽 주먹에서 피가 주르르 흘러내렸다. 피를 본 난쟁이 형제들은 겁이 나서 입을 딱 다물었다. 수퉁은 한 손으로 난쟁이 두 명을 번쩍 들어, 자기 혓바닥에 올려놓더니 다시 물었다.

"이번에도 이상한 소리를 하면, 너희 두 놈을 잘근잘근 씹어 버릴 거야. 우리 부모님은 어디 있어?"

수퉁이 눈을 부라리자, 난쟁이 형제는 벌벌 떨었다.

"자네 부모님이 어디로 갔는지 우리가 어떻게 알아? 아까 차를 마실 때 얼핏 바다를 보고 싶다는 이야기를 한 것 같긴 한데……."

"바다?"

"그래, 우리가 알고 있는 건 그게 다야! 정말이야, 믿어 줘!"

"맞아, 그러니 집에 가서 조금만 기다려 봐. 그럼 돌아오실 거야!"

난쟁이 형제는 손이 발이 되도록 빌었다. 그러자 한참 뭔가 생각하던 수퉁이 퉁명스레 말했다.

"좋아, 너희들 말을 믿겠어! 하지만 이대로 그냥 갈 수는 없어!"

크바시르의 피로 만든 지혜의 술

"왜?"

"아까 나를 약 올렸잖아! 태어나서 그렇게 화가 난 적은 처음이야!"

수퉁은 당장에라도 집어삼킬 듯이 난쟁이 형제들을 올려놓은 혀를 돌돌돌 말았다.

"잠깐만! 알았어. 그럼 이렇게 하자."

"어떻게?"

"우리가 세상에서 가장 귀한 보물을 너에게 줄 테니, 이제 그만 부모님 일은 싹 잊어버려!"

퍄라르와 갈라르는 수퉁을 달래기 위해 지혜의 술에 대해 이야기를 시작했다. 그 술이 얼마나 좋은 술인지, 그 술을 마시면 어떻게 되는지 구구절절 읊어 댔다.

"항아리째 가져와!"

퍄라르와 갈라르가 항아리를 가져다 주자, 수퉁은 실실 웃으며 말했다.

"우리 부모님과 아무런 관계가 없다는 너희들 말을 백 프로 믿을 수는 없지만, 이 술을 바쳤으니 모든 것을 용서해 줄게."

수퉁은 지혜의 술이 든 항아리를 들고 요툰헤임으로 돌아왔다. 수퉁은 자신이 살고 있는 흐닛뵤르그 산꼭대기에 있는 바위를 깎아 방을 하나 만들었다. 항아리를 넣고 자물쇠로 꽁꽁 잠근 뒤, 딸 군로드에게 말했다.

"군로드, 내 딸아! 잠시도 눈을 떼지 말고, 이 술을 잘 지키거라, 알았느냐?"

"대체 무슨 술인데요?"

"나중에 알려 주마. 누구든 내 술을 욕심내는 놈, 내 술을 훔쳐 가는 놈은 세상 끝까지 쫓아가서, 혼뜨검을 내 주고 말 테다!

수퉁은 당장 누가 술을 빼앗으러 오기라도 하는 것처럼 고래고래 소리를 질렀다.

찾아보기

찾아보기

ㄱ ***

갈라르 — 난쟁이. 크바시르를 죽인 뒤, 그 피로 신주(신의 술)를 만든다.

걀 — 한 번 불면 모든 세상이 들을 수 있는 헤임달의 나팔.

걀프 — 거인 게이로드의 딸. 토르를 죽이려고 한다.

게르드 — 프레이르가 첫눈에 반해 좋아하게 되는 서리 거인족 여자.

게이로드 — 고트족의 왕. 오딘을 몰라보고 고문하다가 오딘의 저주를 받아 죽는다.

게피온 — 풍요의 여신. 스웨덴 왕을 속여 스웨덴의 땅 일부를 쟁기질로 떼어 낸다.

군로드 — 거인 수퉁의 딸. 오딘의 유혹에 넘어가 신주를 내준다.

굴베이그 — 헤이드라고도 불리는데, 에시르 신들에 의해 세 번이나 불태워졌다 살아난다. 그 일로 인해 신족 간에 전쟁이 일어난다.

굴팍시 — 거인 흐룽그니르의 말. 오딘의 말인 슬레입니르와 경주를 벌이지만 패배한다.

궁니르 — 난쟁이들이 만들어 준 오딘의 마법의 창.

그로아 — 토르 머리에 박힌 숫돌을 빼내 주려 한 여자 무당.

그리드 — 거인족 여자로 오딘의 애인. 토르가 거인 게이로드의 공격에 맞설 수 있도록 마법의 장갑, 허리띠, 쇠막대기를 빌려 준다.

글라드스헤임 — 이다 평원에 있는 신전. 신들이 만나 회의를 하는 곳으로, 오딘과 주요 신들은 높은 자리에 앉는다.

글레입니르 — 난쟁이들이 에시르 신들에게 선물한 마법의 족쇄. 늑대 펜리르를 잡는 데 사용한다.

긴농가가프 — 천지창조 이전에 무스펠과 니플헤임 사이에 있던 틈새.

길링 — 아내와 함께 난쟁이 형제에게 죽임을 당하는 거인. 그러나 아들 수퉁이 복수한다.

길피 — 여신 게피온에게 속은 스웨덴 왕.

ㄴ ★★★

나글파르 — 죽은 자들의 손톱으로 만든 배. 라그나뢰크 최후의 전투에서 거인들을 실어 나른다.

나르비 — 나리라고도 하는 로키의 아들. 친형제인 발리에게 죽임을 당하고, 그 창자로 아버지 로키가 묶이게 된다.

난나 — 발데르의 아내.

낫 — 밤의 아들. 자신의 말 스킨팍시를 타고 세상을 돈다.

노른 — 운명을 주관하는 운명, 존재, 필연의 세 여신이다.

뇨르드 — 바니르 신으로 풍요의 신. 프레이르와 프레이야의 아버지로 바람과 바다의 신이기도 하다.

니드호그 — 니플헤임에서 위그드라실의 뿌리와 시체를 갉아 먹으며 사는 용.

니플헤임 — 얼어붙은 안개와 암흑의 땅으로, 위그드라실의 여러 뿌리 가운데 하나의 뿌리 아래에 있다.

ㄷ ★★★

드라웁니르 — 오딘의 황금 팔찌. 아흐레가 지날 때마다 똑같은 팔찌가 여
덟 개씩 생겨난다.

ㄹ ★★★

라그나뢰크 — 신들과 거인들의 전쟁이며, 세계 종말을 가져오는 최후의
대결전. 모든 생명이 죽고 아홉 세상은 바닷속으로 가라앉는다.

라타토스크 — 위그드라실 가지 끝에 사는 독수리와 뿌리 쪽 니플헤임에
사는 니드호그 사이를 오가며 저주를 전해 주는 다람쥐.

로기 — 먹기 시합에서 로키를 이긴 거인. 사실은 거인으로 변장한 불이다.

로키 — 온갖 말썽을 일으키는 꾀보 신. 시기심에 발데르를 죽게 만들고 마
침내 세상의 종말인 라그나뢰크의 날까지 묶여 있게 된다.

ㅁ ★★★

마그니 — 토르의 아들로, 라그나뢰크 이후에 아버지의 쇠망치 묠니르를
되찾는다.

마니 — 문딜파리의 아들로 문으로도 불린다. 정해진 길로 달을 몰고 다니
며 달이 차고 기우는 것을 관장한다.

멩글라드 — 여자 예언자 그로아의 아들인 스비프다그의 애인이 된다.

묠니르 — 난쟁이들이 토르에게 만들어 준 쇠망치. 파괴와 다산과 부활의
상징이다.

무스펠 — 남쪽에 있는 불의 땅. 거인 수르트가 지키는 무스펠의 열기와 니
플헤임의 얼음이 하나가 되어 창조의 출발이 된다.

문딜파리 — 마니와 솔의 아버지이며 인간이다.

미드가르드 — 인간들이 사는 세상을 일컫는다.

미미르 — 휴전 협정을 위해 에시르 신들이 바니르 신들에게 보낸 현명한 신. 살해당한 후, 오딘이 그 머리를 미미르의 샘가에 두었다.

미스트 칼프 — 진흙으로 만들어진, 키가 약 40킬로미터나 되는 거인. 토르와 대결을 벌인 거인 흐룽그니르의 동맹자가 되지만 아무 역할도 못 한다.

ㅂ ★★★

바나헤임 — 아스가르드 안에 풍요의 신, 바니르 신들이 사는 곳이다.

바니르 — 나중에 에시르 신들과 통합된 풍요의 신의 한 종족.

바우기 — 거인 수퉁의 동생. 신주를 찾으려고 거인으로 변장하고 나선 오딘을 일꾼으로 고용한다.

바프트루드니르 — 똑똑하고 아는 것이 많은 거인이지만 오딘과의 지혜 대결에서 진다.

발데르 — 오딘과 프리그의 아들. 호드에게 죽임을 당했지만, 라그나뢰크 이후에 저승에서 돌아온다.

발리 — 로키의 아들. 에시르 신들이 늑대로 변신시켜 친형제인 나르비를 죽이게 한다.

밤 — 나르비의 딸. 자신의 말 흐림팍시를 타고 세상을 돈다.

베 — 보르의 아들. 오딘의 형제이다.

베르젤미르 — 죽은 이미르의 피로 인해 생긴 홍수에서 살아남은 거인.

베스틀라 — 보르의 아내로 오딘 삼 형제를 낳는다. 거인족 여인이다.

보르 — 부리의 아들. 오딘 삼 형제의 아버지이다.

부리 − 신들의 조상. 암소 아우둠라가 짧은 얼음에서 태어났다.

브라기 − 오딘의 아들이며, 이둔의 남편. 시와 웅변의 신이다.

브로크 − 난쟁이. 형제인 에이트리와 함께 신들을 위해 훌륭한 선물을 만들어서 로키를 이긴다.

비프로스트 − 아스가르드와 미드가르드를 연결하는 무지개다리.

빌리 − 보르의 아들. 오딘의 형제이다.

ㅅ ★★★

솔 − 문딜파리의 딸로 선으로도 불린다. 정해진 길을 따라 태양을 몰고 다닌다.

수르트 − 천지 창조 이전부터 불의 땅, 무스펠을 지키고 있는 거인. 라그나뢰크가 되면 온 세상에 불을 지른다.

수퉁 − 길링의 아들인 거인. 난쟁이 형제에게서 신주를 받았지만 오딘에게 빼앗긴다.

스뇌르 − 농민 종족의 여자 조상.

스바딜파리 − 석공 거인이 아스가르드의 성벽을 재건할 때에 돕는 말. 발이 여덟 개인 슬레입니르의 아비 말.

스바르탈프헤임 − 검은 꼬마 요정들이 사는 땅.

스비프다그 − 여자 예언자 그로아의 아들로 인간이다. 멩글라드를 사랑하게 된다.

스카디 − 거인 티아지의 딸로 스키와 사냥을 즐긴다. 풍요의 신 뇨르드와 결혼하지만 금세 이혼한다.

스키드블라드니르 − 난쟁이들이 신들을 위해 만든 세 개의 선물 중 프레이르를 위해 만든 보물 배. 접을 수 있는 게 특징이다.

스킨팍시 — 낮의 말.

슬레입니르 — 발이 여덟 개인 말. 스바딜파리가 아비 말이다.

시긴 — 로키에 끝까지 헌신하는 아내.

시프 — 토르의 아내. 로키의 장난으로 금발 머리가 잘리고 당혹스러워한다.

ㅇ ★★★

아그나르 — 고트족 왕인 흐라우둥의 큰아들이지만 동생 게이로드에게 왕좌를 빼앗긴다.

아그나르 — 고트족 왕인 게이로드의 아들로, 아버지에게 왕좌를 빼앗긴 삼촌과 이름이 같다.

아르박 — 태양을 끄는 말들 중 하나이다.

아스가르드 — 신들이 사는 세상.

아스크 — 오딘 형제가 물푸레나무로 만든 최초의 인간 남자.

아우둠라 — 긴눙가가프에서 얼음으로 생겨난 암소이다. 얼음을 핥아 신들의 조상인 부리를 만들고, 세상의 최초 거인인 이미르에게 젖을 준다.

아이 — 농노 종족의 조상 중 하나.

아피 — 농민 종족의 조상 중 하나.

안드바리 — 로키에게 자신의 모든 보물을 빼앗기자 보물에 저주를 내리는 난쟁이.

알비스 — 똑똑한 난쟁이. 그러나 토르의 꾀에 넘어가 돌이 된다.

알스비드 — 정해진 길을 따라 태양을 끄는 말 중 하나.

암마 ─ 농민 종족의 조상 중 하나.

앙그르보다 ─ 펜리르와 요르문간드, 헬의 어머니. 로키의 거인족 애인이다.

얄 ─ 헤임달의 아들로, 룬 문자를 헤임달에게서 배운다.

에다 ─ 농노 종족의 조상 중 하나.

에시르 ─ 오딘이 이끄는 전사 신들의 무리로서 아스가르드에 산다.

에이트리 ─ 뛰어난 대장장이 기술을 가진 난쟁이. 브로크의 형제로 신들을 위해 놀라운 세 가지 선물을 만든다.

엘리바가르 ─ 흐베르젤미르에서 흐르는 열한 개의 강을 말한다.

엠블라 ─ 오딘 형제가 느릅나무로 만든 최초의 인간 여자.

오딘 ─ 에시르 신들 중에서 가장 뛰어난 신으로 토르의 아버지이다. 시와 전투, 죽음의 신, 모든 이의 아버지, 무시무시한 자, 애꾸눈, 전투의 아버지 등 이름이 다양하다.

오테르 ─ 흐레이드마르의 아들. 로키와 오딘, 호니르에 의해 죽는다.

요르문간드 ─ 미드가르드의 뱀으로 불린다. 로키와 앙그르보다 사이에 태어난 뱀. 자신의 몸으로 미드가르드를 한 바퀴 감고 꼬리를 물고 있다.

요툰헤임 ─ 거인들이 사는 세상.

위그드라실 ─ 세상을 보호하는 물푸레나무. 세상 모든 곳으로 뻗어 있다.

이둔 ─ 청춘의 황금 사과를 갖고 있는 여신으로, 시의 신 브라기의 아내이다.

이미르 ─ 얼음과 불에서 태어난 최초의 존재로 거인이다. 오딘 형제가 이미르의 몸으로 세상을 만든다.

이발디의 아들들 ─ 신들을 위해 궁니르 등 훌륭한 선물을 만든 두 난쟁이.

이빙 — 절대로 얼지 않으며 아스가르드와 요툰헤임을 가로지르는 강.

ㅋ ★★★
카를 — 농민 종족의 조상 중 하나.
크바시르 — 신들의 침으로 빚어진 현인으로, 난쟁이 형제에게 살해당한 뒤 그 피로 신주가 만들어졌다.

ㅌ ★★★
토르 — 천둥과 마차를 모는 신으로, 오딘과 대지의 아들이며, 시프의 남편. 신들의 서열상 오딘 다음이다. 풍요의 신이며 미드가르드에서 법과 질서를 지킨다.
트랄 — 아이와 에다의 아들이며 티르의 남편. 인간이다.
트루드 — 난쟁이 알비스가 사랑한 토르의 딸.
트림 — 서리 거인들의 왕. 토르의 쇠망치를 훔치는 바람에 목숨을 잃는다.
티르 — 트랄의 아내.
티르 — 전쟁의 신. 오딘의 아들. 늑대 펜리르에게 한쪽 손을 잘린다.
티아지 — 여신 이둔과 이둔의 황금 사과를 훔친 거인. 이를 다시 되찾아가는 로키를 추격하다 신들에게 죽임을 당한다.
티알피 — 토르의 하인이 된 농부의 아들. 무척 빠르지만 달리기 시합에서 '생각'인 후기에게 진다.

ㅍ ★★★
퍄라르 — 형제인 갈라르와 함께 현인 크바시르를 죽여 그의 피로 신주를 만든 난쟁이.

퍄라르 — 라그나뢰크가 다가온 것을 거인들에게 알리기 위해 운 수탉.

펜리르 — 로키의 아들인 늑대. 신들에 의해 세상의 종말인 라그나뢰크까지 묶여 있다.

폴스비드 — 요툰헤임의 멩글라드가 사는 저택을 지키는 파수꾼이자 거인. 오딘과 닮은 점이 많다.

풀라 — 프리그의 하녀이며, 여신.

프레이르 — 바니르의 풍요의 신들 중에서 최고의 신이며 뇨르드의 아들이다.

프레이야 — 바니르 여신들 중에서 최고이며 풍요의 여신이다. 뇨도르의 딸이다.

프리그 — 발데르의 어머니이며 오딘의 아내다. 에시르 여신들 중에서 최고의 신이다.

ㅎ ★★★

헤임달 — 신들의 세상인 아스가르드의 파수꾼이며 나팔 걀의 주인이다. 세 인간 종족을 창조한 리그와 동일한 인물이다.

헬 — 죽은 자들이 사는 땅. 니플헤임에 있다.

헬 — 로키의 딸로 얼굴은 아름답지만 하체는 썩어 가는 괴물이다. 죽은 자의 영토(헬)를 다스린다.

호니르 — 휴전 협정을 위해 에시르 신들이 바니르 신들에게 보낸 어리석지만 잘생긴 신. 라그나뢰크 이후에도 살아남는다.

호드 — 로키에게 속아 자기도 모르게 형 발데르를 죽이는 장님 신.

흐레이드마르 — 농부이며 마법사다. 오딘과 로키, 호니르에 의해 아들 오테르가 죽자 몸값으로 난쟁이 안드바리의 저주가 담긴 황금을 받아 낸다.

흐룽그니르 — 거인들 중에서 가장 힘이 세나 오딘과의 경주에서 패배하고, 토르와의 대결에서 죽임을 당한다.

흐림팍시 — 밤의 말.

히로킨 — 거인족 무당으로 발데르를 화장시킬 때에 링호른이라는 배를 바다로 끌어내 준다.

히미르 — 신들이 마실 맥주를 충분히 담고도 남을 커다란 독을 가지고 있었으나 토르에게 빼앗긴다.

힌들라 — 거인족 여인. 프레이야의 애인인, 인간 오타르 가문의 내력을 밝혀 준다.

힐디스비니 — 프레이야의 애인 오타르가 수퇘지로 변했을 때의 이름.